Weiterführend empfehlen wir:

**Das aktuelle Erbrecht**
ISBN 978-3-8029-3525-1

**Schenken und Erben ohne Finanzamt**
ISBN 978-3-8029-3669-2

**Richtig handeln im Trauerfall**
ISBN 978-3-8029-3397-4

**Die Neue Vorsorge-Mappe**
ISBN 978-3-8029-1331-0

**Patientenverfügung und andere Vorsorgemöglichkeiten**
ISBN 978-3-8029-3774-3

**Soll ich mein Haus übertragen?**
ISBN 978-3-8029-3781-1

**Der Testamentsvollstrecker**
ISBN 978-3-8029-7454-0

Weitere Titel unter: www.WALHALLA.de



E-Mail: WALHALLA@WALHALLA.de
http://www.WALHALLA.de

Walhalla Fachverlag · Haus an der Eisernen Brücke · 93042 Regensburg
Telefon (09 41) 56 84-0 · Telefax (09 41) 56 84-1 11

Finn Zwißler · Sascha Petzold

# So schreibe ich mein Testament

Ohne Rechtsanwalt, ohne Notar

Mit Formulierungsvorschlägen

12., aktualisierte Auflage

WALHALLA Rechtshilfen

WALHALLA
FACHVERLAG

**Bibliografische Information der Deutschen Nationalbibliothek**
Die Deutsche Nationalbibliothek verzeichnet diese Publikation in der Deutschen Nationalbibliografie; detaillierte bibliografische Daten sind im Internet über http://dnb.d-nb.de abrufbar.

Zitiervorschlag:
**Finn Zwißler, Sascha Petzold,** So schreibe ich mein Testament
Walhalla Fachverlag, Regensburg 2012

**Hinweis:** Unsere Werke sind stets bemüht, Sie nach bestem Wissen zu informieren. Die vorliegende Ausgabe beruht auf dem Stand von Januar 2012. Verbindliche Auskünfte holen Sie gegebenenfalls bei Ihrem Rechtsanwalt oder Steuerberater ein.

12., aktualisierte Auflage


Produktion: Walhalla Fachverlag, 93042 Regensburg
Umschlaggestaltung: grubergrafik, Augsburg
Druck und Bindung: Westermann Druck Zwickau GmbH
Printed in Germany
ISBN 978-3-8029-3598-5

SBL-WDZ-0112-187-O

# Schnellübersicht

*Nutzen Sie das Inhaltsmenü:*
*Die Schnellübersicht führt Sie zu Ihrem Thema.*
*Die Kapitelübersichten führen Sie zur Lösung.*

Schnellübersicht

# Es ist nie zu früh für ein Testament

Zunehmend hört und liest man, es sei das Zeitalter der Erben und Erblasser. Dennoch machen sich immer noch viel zu wenige Menschen Gedanken um die Verteilung ihres Vermögens nach dem Tod. Ein Testament zu verfassen wird immer weiter hinausgezögert. Bei einigen kam der Tod schneller als die Muße für das Testament.

Das Ergebnis ist häufig Streit unter den Erben. Davor sind übrigens auch solche Familien und Familienmitglieder nicht gefeit, die bisher bestens miteinander auskamen. Nicht selten wird der Familienfriede durch die Erbschaftsauseinandersetzung für immer zerstört.

Deswegen ist es notwendig, sich bereits frühzeitig Gedanken über ein Testament zu machen. Wer soll wie viel bekommen? Sollen einzelne Personen mit bestimmten Gegenständen bedacht werden? Soll zuerst mein Ehegatte erben, meine Kinder aber erst nach dessen Tod?

## Das bietet dieses Buch

Die Autoren haben den Bedarf für einen Testamentsratgeber in ihrer Berufspraxis erkannt. Immerhin sind über 75 Prozent der Testamente unrichtig und oftmals unwirksam. Sie werden dann insgesamt oder teilweise von den Gerichten im Streitfall nicht anerkannt.

Im vorliegenden Ratgeber erhalten Sie Antwort auf folgende Fragen:

- Wer kann überhaupt vererben und wer beerben?
- Wie gestalten Sie Form und Inhalt des Testaments?
- Wie muss das Testament aussehen?
- Was kann in einem Testament geregelt werden?
- Wie kann das Testament geändert werden?
- Wie sparen Sie und Ihre Erben Erbschaftsteuer?

**Es ist nie zu früh für ein Testament**

Der Ratgeber informiert Sie über Ihre Rechte und bereitet Sie auf den Gang zum Rechtsanwalt vor. Denn der Rechtsanwalt ist in der Regel nur so gut wie sein Mandant. Der vorbereitete Mandant bekommt vom Rechtsanwalt viel mehr Informationen für sein Geld. Der besonders versierte Leser kann es aber in einfach gelagerten Fällen auch wagen, sein Testament ohne anwaltliche Hilfe zu verfassen.

Zum besseren Überblick sind am Ende eines jeden Kapitels auszugsweise die wichtigsten Gesetzestexte aus dem Bürgerlichen Gesetzbuch abgedruckt.

*Finn Zwißler*
*Sascha Petzold*

---

Finn Zwißler, Rechtsanwalt
Prielmayerstraße 3, 80335 München
Tel.: 0 89/55 02 73 11, Fax: 0 89/55 02 73 13
E-Mail: kanzlei@rechtsanwalt-zwissler.de
Internet: www.rechtsanwalt-zwissler.de

Sascha Petzold, Rechtsanwalt
Neuhauser Straße 27, 80331 München
Tel.: 0 89/189 119-10, Fax: 0 89/189 119-15
E-Mail: mail@kanzlei-petzold.de
Internet: www.kanzlei-petzold.de

# Abkürzungen

| | |
|---|---|
| BGB | Bürgerliches Gesetzbuch |
| BGBl. | Bundesgesetzblatt |
| DVEV e. V. | Deutsche Vereinigung für Erbrecht und Vermögensnachfolge e. V. |
| ErbStRG | Erbschaftsteuerreformgesetz |
| InsO | Insolvenzordnung |
| KG | Kommanditgesellschaft |
| KostO | Kostenordnung |
| OHG | Offene Handelsgesellschaft |

# Die gesetzliche Erbfolge

1

## Was Sie wissen müssen

Wenn Sie nicht durch eine sogenannte „Verfügung von Todes wegen" Ihren Nachlass regeln, gilt die gesetzliche Erbfolge. Die gesetzliche Erbfolge ist in den §§ 1924 bis 1936 BGB geregelt. Das Gesetz geht davon aus, dass in der Regel jeder Mensch sein Vermögen an die Personen vererben will, die ihm am nächsten stehen: also seine Kinder, seinen Ehegatten usw. Wenn die gesetzliche Erbfolge genau Ihrem Willen entspricht, brauchen Sie kein Testament erstellen.

## Erbrechtliche Begriffserklärungen

**Abkömmlinge** sind die Kinder des Erblassers und deren Abkömmlinge (Enkel, Urenkel usw.), also die direkten Nachkommen des Erblassers.

**Erbe** ist derjenige, der vom verstorbenen Erblasser als Allein- oder Miterbe Vermögen erhält.

**Erbfall** tritt mit dem Tod des Erblassers ein.

**Erbfolge** regelt, wer Erbe des Erblassers wird und zu welchen Teilen ihm die Erbschaft zusteht.

**Erblasser** ist derjenige, der stirbt oder gestorben ist und dessen Vermögen auf die Erben verteilt wird. Der Begriff wird auch gebraucht für eine Person, die ein Testament errichtet.

**Nachlass** ist das gesamte Vermögen, das mit dem Tod des Erblassers übergeht. Der Ausdruck ist hier identisch mit „Erbschaft".

**Verfügungen von Todes wegen** sind Bestimmungen, die regeln, wie das Vermögen nach dem Tod verteilt wird. Diese Bestimmungen trifft der Erblasser selbst z. B. durch Testament oder Erbvertrag.

# Verwandtenerbrecht

Das Gesetz unterscheidet bei der Erbfolge nach dem erbrechtlichen Grad der Verwandtschaft, der sogenannten Ordnung. Dabei schließt ein Verwandter geringerer Ordnung die Verwandten entfernterer Ordnung von der Erbschaft aus. Innerhalb einer Ordnung wird das Vermögen nach Linien bzw. Stämmen gleich verteilt, d. h. z. B. dass alle Kinder gleich viel erben. Wiederum innerhalb der Stämme erben nur die sogenannten Repräsentanten des Stammes. Das sind diejenigen, die am nächsten mit dem Erblasser verwandt sind. Nur wenn der Repräsentant bereits gestorben ist, rücken dessen Abkömmlinge an seine Stelle.

## Erben erster Ordnung

Erben erster Ordnung sind die Abkömmlinge des Erblassers. Es erben alle Kinder zu gleichen Teilen. Ist ein Kind bereits verstorben, so treten dessen Kinder (also die Enkel des Erblassers) an seine Stelle.

**Beispiel 1:**

Die Witwe Bolte hinterlässt nach ihrem Tod nur die Söhne Max und Moritz.

Max und Moritz erben also jeweils die Hälfte des Vermögens. Die Kinder von Max und Moritz erben nichts.

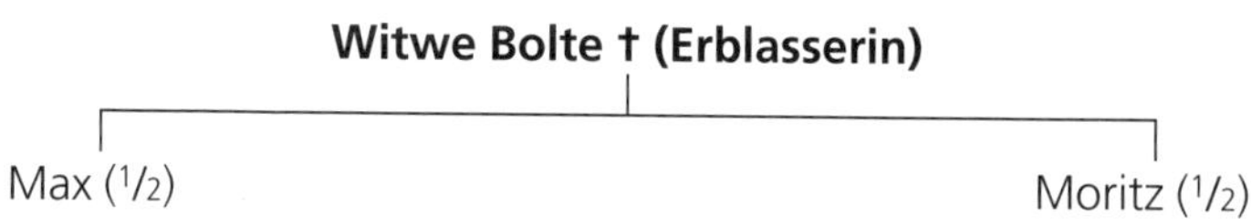

**Beispiel 2:**

Nun ist Moritz schon vor seiner Mutter gestorben. Er hinterlässt aber seinerseits drei Kinder.

Auch hier erbt Max zu 1/2. Die andere Hälfte des Vermögens verteilt sich auf die Kinder des Moritz. Diese erben jeweils zu 1/6.

**Witwe Bolte † (Erblasserin)**

Max (1/2)

Moritz † (verstorben)

Enkel 1 (1/6) Enkel 2 (1/6) Enkel 3 (1/6)

## Erben zweiter Ordnung

Erben zweiter Ordnung sind die Eltern des Erblassers und deren Abkömmlinge, also Vater, Mutter, Geschwister, Neffen und Nichten usw. des Erblassers. Sie werden aber nur Erben, wenn keine Erben erster Ordnung vorhanden sind. Beide Elternteile erben zu gleichen Teilen. Ist ein Elternteil bereits verstorben, treten dessen Kinder an seine/ihre Stelle, also die Geschwister des Erblassers wiederum zu gleichen Teilen.

**Beispiel 1:**

Diesmal stirbt die kinderlose Witwe Müller.

Da sie keine Abkömmlinge hat (Erben erster Ordnung), kommen die Erben zweiter Ordnung zum Zuge. Es erben also die Eltern von Frau Müller zu je 1/2.

Vater (1/2) Mutter (1/2)

**Witwe Müller † (Erblasserin)**

**Beispiel 2:**

Die gleiche Situation wie oben im Beispielsfall 1. Diesmal ist auch die Mutter bereits gestorben. Die Mutter hinterlässt neben Frau Müller noch zwei weitere Kinder.

Der Vater behält seinen halben Erbteil. Die andere Hälfte der Mutter wird auf die beiden noch lebenden Kinder verteilt, also zu je $^1/_4$.

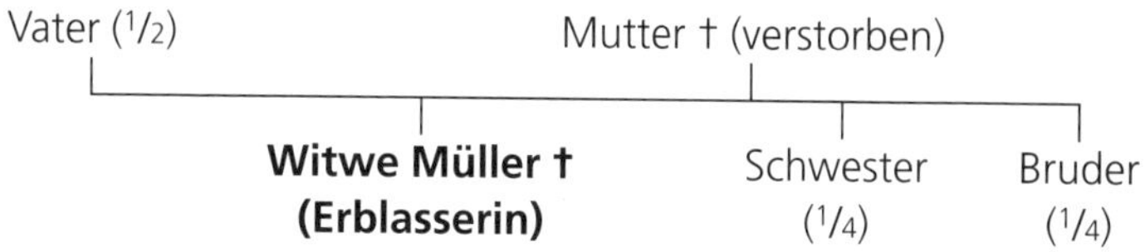


## Erben dritter Ordnung

Erben dritter Ordnung sind die Großeltern des Erblassers und deren Abkömmlinge. Sie werden Erben, wenn es keine Erben erster und zweiter Ordnung gibt. Leben noch alle Großeltern, so erben sie allein und zu gleichen Teilen. Ist ein Großvater oder eine Großmutter bereits gestorben, treten an seine/ihre Stelle seine/ihre Abkömmlinge. Sind keine Abkömmlinge des verstorbenen Großelternteils vorhanden, fällt dieser Erbteil dem anderen Teil des Großelternpaares zu, gegebenenfalls bei dessen Tod an dessen Abkömmlinge. Sind beide Teile eines Großelternpaares gestorben und haben beide keine lebenden Abkömmlinge, so erbt das andere Großelternpaar allein.

## Erben vierter Ordnung

Erben vierter Ordnung sind die Urgroßeltern des Erblassers und deren Abkömmlinge. Erben fernerer Ordnung sind entferntere Voreltern des Erblassers und deren Abkömmlinge. Diese erben nur, wenn keine Erben einer früheren Ordnung vorhanden sind.

Für Erben vierter und späterer Ordnung regelt das Gesetz die Vermögensaufteilung anders als in den früheren Ordnungen. Es erben alle lebenden Großeltern bzw. entferntere Voreltern zu gleichen Teilen, ganz gleich zu welchen Stämmen sie gehören. An die Stelle eines verstorbenen Urgroßelternteils treten nicht dessen Abkömmlinge. Es erhöht sich vielmehr die Erbquote der noch lebenden Urgroßeltern zu gleichen Teilen.

Erst wenn gar kein Urgroßelternteil mehr am Leben ist, kommen deren Abkömmlinge zum Zuge. Es erbt derjenige Abkömmling, der mit dem Erblasser gradmäßig am nächsten verwandt ist, wobei mehrere Verwandte gleichen Grades zu gleichen Teilen erben. Der Grad der Verwandtschaft bestimmt sich nach der Anzahl der Geburten, die zwischen dem Erblasser und dem Verwandten stehen.

**Achtung:** Der Grad der Verwandtschaft ist nicht mit der Ordnung der Erbschaft identisch.

**Praxis-Tipp:**

Zur Bestimmung des Grades der Verwandtschaft gehen Sie folgendermaßen vor: Zeichnen Sie einen Stammbaum, in dem u. a. der Erblasser und der zu ermittelnde Verwandte aufgelistet ist. Zeichnen Sie dann im Stammbaum jeweils Linien von den Eltern zu deren Kindern. Jetzt zählen Sie die Striche, die den Erblasser mit den Verwandten auf kürzestem Wege verbinden. Die Zahl entspricht dem Grad der Verwandtschaft.

| Checkliste: Erbe welcher Ordnung? | | |
|---|---|---|
| **Erben 5. Ordnung** | Eltern der Urgroßeltern | falls kein Elternteil der Urgroßeltern vorhanden, deren Abkömmlinge |
| **Erben 4. Ordnung** | Urgroßeltern | falls kein Urgroßelternteil vorhanden, Abkömmlinge der Urgroßeltern |
| **Erben 3. Ordnung** | Großeltern | ersatzweise:<br>▪ Onkel/Tante<br>▪ Vetter/Kusine<br>▪ weitere Abkömmlinge der Großeltern |
| **Erben 2. Ordnung** | Eltern | ersatzweise:<br>▪ Geschwister<br>▪ Neffe/Nichte<br>▪ weitere Abkömmlinge der Eltern |
| | **Erblasser(in) †** | |
| **Erben 1. Ordnung** | ▪ Kinder<br>▪ Enkel<br>▪ Urenkel<br>▪ weitere Abkömmlinge | |

# Erbrecht des nichtehelichen Kindes

Durch das Gesetz zur erbrechtlichen Gleichstellung nichtehelicher Kinder sind seit dem 1.4.1998 die nichtehelichen Kinder den ehelichen Kindern erbrechtlich völlig gleichgestellt. Sie werden in gleicher Art und Höhe Erben wie eheliche Kinder. Die Vaterschaft muss aber förmlich festgestellt worden sein.

**Wichtig:** Eine Ausnahme gilt für nichteheliche Kinder, die vor dem 1.7.1949 geboren wurden. Für diese Kinder gelten je nach Herkunft unterschiedliche Erbfolgen.

**Praxis-Tipp:**

Im Zweifel sollten Sie sich anwaltlichen Rat von einem Spezialisten einholen.

# Ehegattenerbrecht

## Geschieden

War zum Tod des Erblassers die Ehe bereits geschieden, dann ist der Ex-Ehepartner nicht mehr Ehegatte und von der gesetzlichen Erbfolge ausgeschlossen.

Ist der Erblasser zurzeit des Scheidungsverfahrens gestorben, ist der „Noch-Ehegatte" von der gesetzlichen Erbfolge ausgeschlossen, wenn der Erblasser die Scheidung beantragt oder ihr zugestimmt hat. Dies gilt jedoch nur, wenn die rechtlichen Voraussetzungen für eine Scheidung gegeben sind.

**Praxis-Tipp:**

Befinden Sie sich in dieser Lage – Ihr Ehegatte ist während des Scheidungsverfahrens gestorben –, dann sollten Sie unbedingt einen Rechtsanwalt aufsuchen. Nur ein Spezialist kann genau prüfen, ob die Scheidungsvoraussetzungen vorliegen.

## Gesetzlicher Erbteil

Neben den Verwandten ist auch der Ehegatte gesetzlicher Erbe. Wie viel der Ehegatte erbt, also die Erbquote, richtet sich danach, welche gesetzlichen Erben sonst noch vorhanden sind.

- Neben Erben erster Ordnung erbt der Ehegatte 1/4.
- Neben Erben zweiter Ordnung erbt der Ehegatte 1/2.
- Neben den Großeltern des Erblassers (Erben dritter Ordnung) erbt der Ehegatte ebenfalls 1/2.
- Neben Großeltern und Abkömmlingen von Großeltern (weil z. B. ein Großelternteil bereits verstorben ist oder die Erbschaft ausgeschlagen hat) erbt der Ehegatte zusätzlich zu der oben ge-

nannten Hälfte noch den Teil, der eigentlich auf den Abkömmling entfallen würde.

- Sind weder Verwandte erster oder zweiter Ordnung, noch Großeltern des Erblassers vorhanden, erbt der Ehegatte alles.

## Voraus – ein Sonderrecht für Ehegatten

Der überlebende Ehegatte erhält neben seinem gesetzlichen Erbteil noch den sogenannten „Voraus". Aber nur, wenn er gesetzlicher Erbe geworden ist; nicht also, wenn der Erblasser ein Testament, einen Erbvertrag etc. errichtet hat oder wenn er das Erbe ausschlägt.

*Was gehört zum Voraus?*

Zum Voraus zählen die zum ehelichen Haushalt gehörenden Gegenstände und die Hochzeitsgeschenke. Zum ehelichen Haushalt gehören beispielsweise:

- Möbel und sonstige Einrichtungsgegenstände
- Haushaltsgeräte
- Bücher und Bilder
- Familienauto

Ausgeschlossen sind Gegenstände, die nur dem persönlichen Gebrauch des Erblassers dienten. Ebenso gehören Gegenstände, die Zubehör eines Grundstücks sind, nicht zum Voraus.

*Erhält der Ehegatte stets den ganzen Voraus?*

Nein. Neben Erben erster Ordnung (also neben Kindern und Kindeskindern des Erblassers) erhält der Ehegatte vom Voraus nur dasjenige, was er zur Führung eines angemessenen Haushalts benötigt.

*Wie erhält der Ehegatte den Voraus?*

Er muss die Gegenstände von den Erben verlangen und sich das Eigentum übertragen lassen. Da der Ehegatte aber im Besitz der Gegenstände ist, reicht die Einigung des Ehegatten mit den anderen Erben, dass er das Eigentum an dem Voraus erhalten soll.

**Wichtig:** Der „Voraus" wird gesetzlich wie ein Vermächtnis behandelt (siehe Kapitel 7 „Das Vermächtnis").

## Dreißigster

Wer von seinem verstorbenen Ehegatten Unterhalt erhalten hat und in dessen Haushalt lebte, hat einen weiteren Anspruch gegen den/die Erben. Die Miterben sind verpflichtet, den Ehegatten für 30 Tage Unterhalt in der bisher erhaltenen Höhe zu zahlen sowie dem Ehegatten die Benutzung der Wohnung und Haushaltsgegenstände zu gestatten.

**Wichtig:** Der „Dreißigste" wird gesetzlich wie ein Vermächtnis behandelt (siehe Kapitel 7 „Das Vermächtnis").

## Zugewinnausgleich

Zugewinnausgleich erhalten nur Ehegatten, die im gesetzlichen Güterstand der Zugewinngemeinschaft lebten. Haben sie nicht in einem Ehevertrag einen anderen Güterstand gewählt, gilt für sie die Zugewinngemeinschaft.

*Zugewinngemeinschaft*

Das bedeutet, dass zu Lebzeiten die Ehegatten nicht gemeinsam Eigentum an „ihren" Gegenständen haben. Vielmehr bleiben die Vermögen von Mann und Frau getrennt. Erst mit dem Tod eines Ehegatten oder mit der Scheidung wird der Zugewinn ausgeglichen. Das bedeutet, dass man prüft, wer während der Ehe mehr

Vermögen ansammeln konnte, wer also mehr Zugewinn hatte. Dieser muss dann die Hälfte dessen, was er mehr als der andere dazu gewonnen hat, an seinen Ehegatten herausgeben.

*Erbrechtlicher Zugewinn*

Beim Tod eines Ehegatten erhält der überlebende Ehegatte neben seinem gesetzlichen Erbteil 1/4 des Nachlasses als gesetzlich vermuteten Zugewinn. Dies gilt unabhängig davon, wie viel Zugewinn tatsächlich erwirtschaftet wurde. Diesen erbrechtlichen Zugewinn erhält aber nur der Ehegatte, der gesetzlicher Erbe wird. Nicht also der Ehegatte, der durch Testament Erbe wird oder sein Erbe ausschlägt.

- Neben Erben erster Ordnung erbt der Ehegatte insgesamt also 1/2.
- Neben Erben zweiter Ordnung erbt der Ehegatte insgesamt 3/4.
- Neben den Großeltern des Erblassers erbt der Ehegatte ebenfalls insgesamt 3/4.
- Sind weder Verwandte erster oder zweiter Ordnung, noch Großeltern des Erblassers vorhanden, erbt der Ehegatte auch ohne Zugewinnausgleich alles.

# Wichtige Gesetzestexte aus dem BGB

**§ 1924 Gesetzliche Erben erster Ordnung**

(1) Gesetzliche Erben der ersten Ordnung sind die Abkömmlinge des Erblassers.

(2) Ein zur Zeit des Erbfalls lebender Abkömmling schließt die durch ihn mit dem Erblasser verwandten Abkömmlinge von der Erbfolge aus.

(3) An die Stelle eines zur Zeit des Erbfalls nicht mehr lebenden Abkömmlings treten die durch ihn mit dem Erblasser verwandten Abkömmlinge (Erbfolge nach Stämmen).

(4) Kinder erben zu gleichen Teilen.

### § 1925 Gesetzliche Erben zweiter Ordnung

(1) Gesetzliche Erben der zweiten Ordnung sind die Eltern des Erblassers und deren Abkömmlinge.

(2) Leben zur Zeit des Erbfalls die Eltern, so erben sie allein und zu gleichen Teilen.

(3) Lebt zur Zeit des Erbfalls der Vater oder die Mutter nicht mehr, so treten an die Stelle des Verstorbenen dessen Abkömmlinge nach den für die Beerbung in der ersten Ordnung geltenden Vorschriften. Sind Abkömmlinge nicht vorhanden, so erbt der überlebende Teil allein.

(4) In den Fällen des § 1756 sind das angenommene Kind und die Abkömmlinge der leiblichen Eltern oder des anderen Elternteils des Kindes im Verhältnis zueinander nicht Erben der zweiten Ordnung.

### § 1926 Gesetzliche Erben dritter Ordnung

(1) Gesetzliche Erben der dritten Ordnung sind die Großeltern des Erblassers und deren Abkömmlinge.

(2) Leben zur Zeit des Erbfalls die Großeltern, so erben sie allein und zu gleichen Teilen.

(3) Lebt zur Zeit des Erbfalls von einem Großelternpaar der Großvater oder die Großmutter nicht mehr, so treten an die Stelle des Verstorbenen dessen Abkömmlinge. Sind Abkömmlinge nicht vorhanden, so fällt der Anteil des Verstorbenen dem anderen Teil des Großelternpaars und, wenn dieser nicht mehr lebt, dessen Abkömmlingen zu.

(4) Lebt zur Zeit des Erbfalls ein Großelternpaar nicht mehr und sind Abkömmlinge der Verstorbenen nicht vorhanden, so erben die anderen Großeltern oder ihre Abkömmlinge allein.

(5) Soweit Abkömmlinge an die Stelle ihrer Eltern oder ihrer Voreltern treten, finden die für die Beerbung in der ersten Ordnung geltenden Vorschriften Anwendung.

### § 1927 Mehrere Erbteile bei mehrfacher Verwandtschaft

Wer in der ersten, der zweiten oder der dritten Ordnung verschiedenen Stämmen angehört, erhält den in jedem dieser Stämme ihm zufallenden Anteil. Jeder Anteil gilt als besonderer Erbteil.

### § 1928 Gesetzliche Erben vierter Ordnung

(1) Gesetzliche Erben der vierten Ordnung sind die Urgroßeltern des Erblassers und deren Abkömmlinge.

(2) Leben zur Zeit des Erbfalls Urgroßeltern, so erben sie allein; mehrere erben zu gleichen Teilen, ohne Unterschied, ob sie derselben Linie oder verschiedenen Linien angehören.

(3) Leben zur Zeit des Erbfalls Urgroßeltern nicht mehr, so erbt von ihren Abkömmlingen derjenige, welcher mit dem Erblasser dem Grade nach am nächsten verwandt ist; mehrere gleich nahe Verwandte erben zu gleichen Teilen.

### § 1929 Fernere Ordnungen

(1) Gesetzliche Erben der fünften Ordnung und der ferneren Ordnungen sind die entfernteren Voreltern des Erblassers und deren Abkömmlinge.

(2) Die Vorschrift des § 1928 Abs. 2, 3 findet entsprechende Anwendung.

### § 1930 Rangfolge der Ordnungen

Ein Verwandter ist nicht zur Erbfolge berufen, solange ein Verwandter einer vorhergehenden Ordnung vorhanden ist.

### § 1931 Gesetzliches Erbrecht des Ehegatten

(1) Der überlebende Ehegatte des Erblassers ist neben Verwandten der ersten Ordnung zu einem Viertel, neben Verwandten der zweiten Ordnung oder neben Großeltern zur Hälfte der Erbschaft als gesetzlicher Erbe berufen. Treffen mit Großeltern Abkömmlinge von Großeltern zusammen, so erhält der Ehegatte auch von der anderen Hälfte den Anteil, der nach § 1926 den Abkömmlingen zufallen würde.

(2) Sind weder Verwandte der ersten oder der zweiten Ordnung noch Großeltern vorhanden, so erhält der überlebende Ehegatte die ganze Erbschaft.

(3) Die Vorschrift des § 1371 bleibt unberührt.

(4) Bestand beim Erbfall Gütertrennung und sind als gesetzliche Erben neben dem überlebenden Ehegatten ein oder zwei Kinder des Erblassers berufen, so erben der überlebende Ehegatte und jedes Kind zu gleichen Teilen; § 1924 Abs. 3 gilt auch in diesem Falle.

### § 1932 Voraus des Ehegatten

(1) Ist der überlebende Ehegatte neben Verwandten der zweiten Ordnung oder neben Großeltern gesetzlicher Erbe, so gebühren ihm außer dem Erbteil die zum ehelichen Haushalt gehörenden Gegenstände, soweit sie nicht Zubehör eines Grundstücks sind, und die Hochzeitsgeschenke als Voraus. Ist der überlebende Ehegatte neben Verwandten der ersten Ordnung gesetzlicher Erbe, so gebühren ihm diese Gegenstände, soweit er sie zur Führung eines angemessenen Haushalts benötigt.

(2) Auf den Voraus sind die für Vermächtnisse geltenden Vorschriften anzuwenden.

### § 1933 Ausschluss des Ehegattenerbrechts

Das Erbrecht des überlebenden Ehegatten sowie das Recht auf den Voraus ist ausgeschlossen, wenn zur Zeit des Todes des Erblassers die Voraussetzungen für die Scheidung der Ehe gegeben waren und der Erblasser die Scheidung beantragt oder ihr zugestimmt hatte. Das Gleiche gilt, wenn der Erblasser berechtigt war, die Aufhebung der Ehe zu beantragen, und den Antrag gestellt hatte. In diesen Fällen ist der Ehegatte nach Maßgabe der §§ 1569 bis 1586b unterhaltsberechtigt.

### § 1969 Dreißigster

(1) Der Erbe ist verpflichtet, Familienangehörigen des Erblassers, die zur Zeit des Todes des Erblassers zu dessen Hausstand gehören und von ihm Unterhalt bezogen haben, in den ersten 30 Tagen nach dem Eintritt des Erbfalls in demselben Umfang, wie der Erblasser es getan hat, Unterhalt zu gewähren und die Benutzung der Wohnung und der Haushaltsgegenstände zu gestatten. Der Erblasser kann durch letztwillige Verfügung eine abweichende Anordnung treffen.

(2) Die Vorschriften über Vermächtnisse finden entsprechende Anwendung.

### § 1371 Zugewinnausgleich im Todesfall

(1) Wird der Güterstand durch den Tod eines Ehegatten beendet, so wird der Ausgleich des Zugewinns dadurch verwirklicht, dass sich der gesetzliche Erbteil des überlebenden Ehegatten um ein Viertel der Erbschaft erhöht; hierbei ist unerheblich, ob die Ehegatten im einzelnen Falle einen Zugewinn erzielt haben.

(2) Wird der überlebende Ehegatte nicht Erbe und steht ihm auch kein Vermächtnis zu, so kann er Ausgleich des Zugewinns nach den Vorschriften der §§ 1373 bis 1383, 1390 verlangen; der Pflichtteil des überlebenden Ehegatten oder eines anderen Pflichtteilsberechtigten bestimmt sich in diesem Falle nach dem nicht erhöhten gesetzlichen Erbteil des Ehegatten.

(3) Schlägt der überlebende Ehegatte die Erbschaft aus, so kann er neben dem Ausgleich des Zugewinns den Pflichtteil auch dann verlangen, wenn dieser ihm nach den erbrechtlichen Bestimmungen nicht zustünde; dies gilt nicht, wenn er durch Vertrag mit seinem Ehegatten auf sein gesetzliches Erbrecht oder sein Pflichtteilsrecht verzichtet hat.

(4) Sind erbberechtigte Abkömmlinge des verstorbenen Ehegatten, welche nicht aus der durch den Tod dieses Ehegatten aufgelösten Ehe stammen, vorhanden, so ist der überlebende Ehegatte verpflichtet, diesen Abkömmlingen, wenn und soweit sie dessen bedürfen, die Mittel zu einer angemessenen Ausbildung aus dem nach Absatz 1 zusätzlich gewährten Viertel zu gewähren.

# Verschiedene Formen letztwilliger Verfügungen

2

## Das eigenhändige Testament

Das eigenhändige Testament können Sie allein erstellen. Sie brauchen dazu keinen Notar oder andere Urkundspersonen. Es entstehen auch keine Kosten für dieses Testament, die ansonsten anfallen, z. B. Notarskosten. Deshalb ist das eigenhändige Testament die häufigst vorkommende Art, den letzten Willen anzuordnen.

Eine Sonderform des eigenhändigen Testaments ist das „gemeinschaftliche Testament" oder auch „Ehegattentestament" genannt.

In den folgenden Kapiteln wird fast ausschließlich das eigenhändige Testament erläutert.

## Nottestamente

In besonderen Situationen, bei denen Sie nicht in der Lage sind ein notarielles Testament zu errichten, können ausnahmsweise Nottestamente errichtet werden.

Es gibt beispielsweise das Bürgermeistertestament und das Seetestament.

## Das notarielle Testament

Wie der Name schon sagt, wird diese Form des Testaments durch den Notar errichtet. Dazu können Sie dem Notar mündlich oder schriftlich Ihren letzten Willen mitteilen.

**Achtung:** Achten Sie unbedingt darauf, dass der Notar Sie auch wirklich berät. Das ist seine Pflicht.

Das notarielle Testament ist kostenpflichtig. Die Kosten richten sich nach dem Wert des Nachlasses und der Art des Testaments. Die Gebühr beträgt – bei einem Nachlasswert von 100 000 Euro –

für ein Einzeltestament 207 Euro und für ein Ehegattentestament 414 Euro, jeweils zuzüglich Mehrwertsteuer.

Auch wenn Sie ein notarielles Testament errichten wollen, ist dieses Buch hilfreich für Sie. Denn die Arten der Anordnungen sind beim notariellen Testament die gleichen wie beim eigenhändigen Testament.

## Der Erbvertrag

Im Testament verfügt ein Einzelner seinen letzten Willen. Diese Anordnungen sind in der Regel frei widerrufbar – Einschränkungen gelten beim Ehegattentestament.

Wer sich aber vertraglich zu einer bestimmten Verfügung von Todes wegen binden will, wählt den Erbvertrag. Dieser muss mindestens eine sogenannte vertragsmäßige Verfügung enthalten. Die vertragsmäßige Verfügung hat den Sinn, den Verfügenden fest an die Regelung zu binden. Die meisten Erbverträge werden von Ehegatten gemeinschaftlich geschlossen.

**Wichtig:** Der Erbvertrag muss vor einem Notar geschlossen werden. Dabei entstehen Kosten.

## Wichtige Gesetzestexte aus dem BGB

### § 2231 Ordentliche Testamente

Ein Testament kann in ordentlicher Form errichtet werden

1. zur Niederschrift eines Notars,
2. durch eine vom Erblasser nach § 2247 abgegebene Erklärung.

### § 2232 Öffentliches Testament

Zur Niederschrift eines Notars wird ein Testament errichtet, indem der Erblasser dem Notar seinen letzten Willen erklärt oder ihm eine Schrift mit der Erklärung übergibt, dass die Schrift seinen letzten Willen enthalte. Der Erblasser kann die Schrift offen oder verschlossen übergeben; sie braucht nicht von ihm geschrieben zu sein.

*Hinweis*: siehe auch § 2247 Abs. 1 BGB, abgedruckt in Kapitel 4.

### § 2274 Persönlicher Abschluss

Der Erblasser kann einen Erbvertrag nur persönlich schließen.

### § 2275 Voraussetzungen

(1) Einen Erbvertrag kann als Erblasser nur schließen, wer unbeschränkt geschäftsfähig ist.

(2) Ein Ehegatte kann als Erblasser mit seinem Ehegatten einen Erbvertrag schließen, auch wenn er in der Geschäftsfähigkeit beschränkt ist. Er bedarf in diesem Falle der Zustimmung seines gesetzlichen Vertreters; ist der gesetzliche Vertreter ein Vormund, so ist auch die Genehmigung des Familiengerichts erforderlich.

(3) Die Vorschriften des Absatzes 2 gelten entsprechend für Verlobte, auch im Sinne des Lebenspartnerschaftsgesetzes.

### § 2276 Form

(1) Ein Erbvertrag kann nur zur Niederschrift eines Notars bei gleichzeitiger Anwesenheit beider Teile geschlossen werden. Die Vorschriften des § 2231 Nr. 1 und der §§ 2232, 2233 sind anzuwenden; was nach diesen Vorschriften für den Erblasser gilt, gilt für jeden der Vertragschließenden.

(2) Für einen Erbvertrag zwischen Ehegatten oder zwischen Verlobten, der mit einem Ehevertrag in derselben Urkunde verbunden wird, genügt die für den Ehevertrag vorgeschriebene Form.

# Testier- und Erbfähigkeit

3

# Wer kann ein Testament errichten?

In diesem Kapitel ist erklärt, welche Personen ein Testament wirksam erstellen und welche Personen als Erben bedacht werden können.

## Testierfähigkeit

Nach dem Gesetz kann jeder ab dem vollendeten 16. Lebensjahr ein Testament erstellen bzw. ein solches aufheben oder ändern, sofern er nicht ausnahmsweise testierunfähig ist.

*Minderjährige*

Für Minderjährige (zwischen 16 und 18 Jahren) ist zum Erstellen eines Testaments keine Zustimmung der Eltern oder sonstiger gesetzlicher Vertreter notwendig.

**Wichtig:** Minderjährige können kein sogenanntes „eigenhändiges Testament" erstellen. Sie sind auf das sogenannte „öffentliche Testament" beim Notar angewiesen.

*Betreute*

Seit Anfang 1992 ist die Entmündigung und die Vormundschaft abgeschafft. Diese wurden durch die Betreuung ersetzt. Der Betreute bleibt normalerweise weiter testierfähig und braucht keine Einwilligung des Betreuers zum Testament. Der Betreute kann aber ausnahmsweise testierunfähig sein.

## Testierunfähigkeit

Wer testierunfähig ist, kann kein Testament erstellen, ändern oder aufheben. Von der Testierfähigkeit müssen Sie die Testierfreiheit unterscheiden. Die Testierfähigkeit liegt in der Person des Erblassers bzw. dessen gesundheitlichen Zustand. Die Testierfreiheit kann durch vorangegangene Testamente, Erbverträge und Ähnliches beschränkt sein (siehe Kapitel 8 „Testamentsaufbewahrung und -änderung“).

Testierunfähig ist,

- wer noch nicht 16 Jahre alt ist.
- wer wegen seines Gesundheitszustandes nicht in der Lage ist, die Bedeutung des von ihm erstellten Testaments zu erkennen und deshalb keine eigenverantwortliche Entscheidung treffen kann. Der Verfasser muss sich insbesondere ein Bild davon machen können, welche Auswirkungen sein Testament auf die persönlichen und wirtschaftlichen Verhältnisse der Betroffenen hat. Entscheidend ist der Zustand während der Erstellung des Testaments. Nachträgliche Veränderungen des Gesundheitszustandes wirken sich nicht auf ein bereits erstelltes Testament aus.

**Praxis-Tipp:**

Die Testierunfähigkeit ist die Ausnahme. Im Erbfall muss derjenige, der die Testierunfähigkeit zu seinen Gunsten behauptet, auch beweisen. Solche Streitigkeiten können Sie vermeiden, indem Sie sich auf dem Testament Ihre geistige Gesundheit von anderen, am besten von Ihrem Hausarzt, bestätigen lassen. Haben Sie Bedenken, dass Ihre Testierfähigkeit in Zweifel gezogen wird, sollten Sie ein ärztliches Gutachten einholen.

# Wer kann als Erbe eingesetzt werden?

## Erbfähigkeit

Diejenigen, die als Erben bedacht werden können, bezeichnet das Gesetz als erbfähig.

Erbfähig ist

- jeder Mensch ab Geburt.
- ein noch nicht geborenes, aber bereits gezeugtes Kind, sofern es nach dem Erbfall lebendig geboren wurde.
- eine sogenannte „juristische Person", die rechtsfähig ist. Das sind z. B. Gesellschaften und Vereine.

**Praxis-Tipp:**

Wenn Sie eine „juristische Person" beerben wollen, sollten Sie sich von einem Rechtsanwalt beraten lassen. Es würde den Umfang des vorliegenden Ratgebers weit übersteigen, hier auf alle erdenklichen Formen von „juristischen Personen" einzugehen. Zudem befindet sich die Rechtsprechung zur Rechtsfähigkeit mancher Gesellschaften im Fluss.

# Wichtige Gesetzestexte aus dem BGB

### § 2229 Testierfähigkeit Minderjähriger, Testierunfähigkeit

(1) Ein Minderjähriger kann ein Testament erst errichten, wenn er das 16. Lebensjahr vollendet hat.

(2) Der Minderjährige bedarf zur Errichtung eines Testaments nicht der Zustimmung seines gesetzlichen Vertreters.

(3) (weggefallen)

(4) Wer wegen krankhafter Störung der Geistestätigkeit, wegen Geistesschwäche oder wegen Bewusstseinsstörung nicht in der Lage ist, die Bedeutung einer von ihm abgegebenen Willenserklärung einzusehen und nach dieser Einsicht zu handeln, kann ein Testament nicht errichten.

### § 1903 Einwilligungsvorbehalt

(1) Soweit dies zur Abwendung einer erheblichen Gefahr für die Person oder das Vermögen des Betreuten erforderlich ist, ordnet das Betreuungsgericht an, dass der Betreute zu einer Willenserklärung, die den Aufgabenkreis des Betreuers betrifft, dessen Einwilligung bedarf (Einwilligungsvorbehalt). Die §§ 108 bis 113, 131 Abs. 2 und § 210 gelten entsprechend.

(2) Ein Einwilligungsvorbehalt kann sich nicht erstrecken auf Willenserklärungen, die auf Eingehung einer Ehe oder Begründung einer Lebenspartnerschaft gerichtet sind, auf Verfügungen von Todes wegen und auf Willenserklärungen, zu denen ein beschränkt Geschäftsfähiger nach den Vorschriften des Buches vier und fünf nicht der Zustimmung seines gesetzlichen Vertreters bedarf.

(3) Ist ein Einwilligungsvorbehalt angeordnet, so bedarf der Betreute dennoch nicht der Einwilligung seines Betreuers, wenn die Willenserklärung dem Betreuten lediglich einen rechtlichen Vorteil bringt. Soweit das Gericht nichts anderes anordnet, gilt dies auch, wenn die Willenserklärung eine geringfügige Angelegenheit des täglichen Lebens betrifft.

(4) § 1901 Abs. 5 gilt entsprechend.

### § 1923 Erbfähigkeit

(1) Erbe kann nur werden, wer zur Zeit des Erbfalls lebt.

(2) Wer zur Zeit des Erbfalls noch nicht lebte, aber bereits gezeugt war, gilt als vor dem Erbfall geboren.

# Form und Inhalt des Testaments

4

# Wie muss ein Testament aussehen?

In diesem Kapitel sind die formalen Anforderungen an ein Testament beschrieben. Der Jurist spricht nur von der Form des Testaments. Dieser Ratgeber erläutert hauptsächlich das sogenannte „eigenhändige Testament". Andere letztwillige Verfügungen können Sie nicht allein erstellen. Vielmehr müssen Sie dazu zum Notar gehen. Auf welche Vorlage, also auf welche Art des Papiers, Sie Ihr Testament schreiben, ist unerheblich. Sie sollten jedoch beachten, dass zum Beispiel bei einem Testament auf einer Serviette leicht der Eindruck entsteht, es sei höchstens ein Entwurf und kein fertiges Testament. Der Entwurf eines Testaments ist nicht als Testament wirksam.

## Persönliche Errichtung

Sie können ein Testament nur persönlich erstellen. Sie können dazu niemanden ermächtigen.

## Eigenhändiges Verfassen

Sie müssen das Testament vollständig **eigenhändig schreiben**. Mit eigenhändig ist **handschriftlich** gemeint. Sie können sich dafür nicht vertreten lassen. Es ist also nicht möglich einem anderen den Text zu diktieren oder gar einen anderen mit dem selbstständigen Schreiben eines Testaments zu beauftragen. Dies dient vor allem Ihrem Schutz vor einem gefälschten Testament.

**Praxis-Tipp:**

Wenn Sie nicht in der Lage sind, selbst handschriftlich zu schreiben, sollten Sie einen Rechtsanwalt oder Notar aufsuchen. Es gibt zwar Fälle, in denen Sie dennoch ein eigenhändiges Testament verfassen können, doch Sie sollten auf Nummer sicher gehen.

Als eigenhändiges Verfassen ist von den Gerichten anerkannt,

- wenn der Erblasser beim Schreiben von einem anderen unterstützt wurde, beispielsweise durch Halten des Armes. Es muss aber sicher sein, dass der Erblasser und nicht der andere den Arm geführt hat.
- wenn eine Kopie mittels Blaupause als Testament gemacht wird.

Nicht eigenhändig verfasst ist

- ein mit Schreibmaschine oder sonstigem mechanischen Schreibwerkzeug geschriebenes Testament.
- ein Testament in Blindenschrift.

## Unterschrift

Sie müssen das Testament eigenhändig **unterschreiben**. Denn durch Ihre Unterschrift können Sie als Testamentsverfasser identifiziert werden. Weiterhin bekunden Sie durch die Unterschrift, dass Sie das Schriftstück als Testament und nicht etwa als einen unverbindlichen Entwurf ansehen.

Die Unterschrift muss am Ende des Schriftstücks stehen. Bei mehrseitigen Testamenten ist die Unterschrift auf der letzten Seite ausreichend. Bei einem Testament in einem verschlossenen Umschlag reicht auch die Unterschrift auf dem Umschlag.

**Praxis-Tipp:**

Zur Sicherheit sollten Sie dennoch auf allen Seiten des Testaments unterschreiben. Nur so können Sie sicherstellen, dass es später keine Streitereien darüber gibt, welcher Teil wirklich als Testament gewollt war und geschrieben wurde.

Die Unterschrift soll aus Vor- und Familiennamen bestehen. Von der Rechtsprechung sind auch andere Unterschriften anerkannt, wenn Sie dadurch eindeutig identifiziert werden können, zum Beispiel „Euer Vater“ oder „Dein Ehemann“. Aber auch hier gilt: Stellen Sie Ihr Testament auf sichere Beine. Begnügen Sie sich nicht damit, dass Ihr Testament (gerade) noch von den Gerichten anerkannt wird. Unterschreiben Sie mit Vor- und Familiennamen!

## Zeit- und Ortsangabe

Von Gesetzes wegen sollen Sie auf dem Testament angeben, zu welcher Zeit (Tag, Monat und Jahr) und an welchem Ort Sie es niedergeschrieben haben.

Aber auch ohne diese Angaben ist ein Testament wirksam. Dennoch sollten Sie diese Angaben machen. Dies ist aus folgendem Grund wichtig: Bestehen mehrere Testamente, gilt grundsätzlich das zuletzt geschriebene Testament. Bei Testamenten ohne Zeitangaben kann es zum Streit kommen, welches Testament gelten soll. Gibt es unter mehreren Testamenten solche ohne Zeitangaben und solche mit Zeitangaben, gilt dasjenige mit Zeitangabe.

## Leserliche Schrift

Dies ist für viele eine Selbstverständlichkeit. Dennoch der nachdrückliche Tipp an all diejenigen, die um ihr „kompliziertes Schriftbild“ wissen. Geben Sie sich beim Verfassen Ihres Testaments Mühe, möglichst leserlich zu schreiben. Ein nicht lesbares Testament kann im Extremfall sogar unwirksam sein. So hat jedenfalls ein Gericht entschieden, als nicht einmal ein Schriftsachverständiger das Testament entziffern konnte.

| Checkliste: Form des Testaments |
|---|
| ■ Ist das Testament vollständig handschriftlich von Ihnen geschrieben? |
| ■ Haben Sie das Testament selbst unterschrieben? |
| ■ Steht die Unterschrift am Ende des Testaments? |
| ■ Haben Sie Datum und Ort angegeben? |
| ■ Ist das Testament lesbar? |

# Was wird vererbt?

Vererbt wird der sogenannte Nachlass, auch Erbmasse genannt.

Der Nachlass geht als Ganzes kraft Gesetz auf den/die Erben über. Dies bezeichnet man als Gesamtrechtsnachfolge. Der Übergang erfolgt im Moment des Todes des Erblassers. Es sind dazu keine weiteren Handlungen notwendig, also zum Beispiel kein Gerichtsentscheid. Der Erbe tritt quasi in die „Fußstapfen" des Erblassers.

Zum Nachlass gehören das gesamte Vermögen und die Rechte des Erblassers einschließlich seiner Verbindlichkeiten (also Schulden). Weiterhin gehören auch Rechtsverhältnisse zum Nachlass, die nicht auf Vermögen gerichtet sind.

## Was zum Nachlass gehört

Dies ist eine nur beispielhafte Aufzählung, die bei weitem nicht vollständig ist:

- Hausgrundstück samt dessen Belastungen, z. B. Hypothek, Grundschuld etc.
- Wertpapiere
- Anteile an einem Handelsgeschäft
- Bankkonten, soweit sie dem Erblasser gehörten

- Forderungen des Erblassers, z. B. aus Darlehen
- Einkommensteuer für Einkünfte des Erblassers
- Öffentlich-rechtliche Ansprüche, falls nichts anderes geregelt ist

**Praxis-Tipp:**

Für die Frage, ob in Ihrem konkreten Fall auch Anteile an einer Personengesellschaft (Gesellschaft bürgerlichen Rechts, OHG, Partnerschaftsgesellschaft, KG) zum Nachlass gehören, fragen Sie bitte Ihren Rechtsanwalt. Meistens ist dies im Gesellschaftsvertrag ausdrücklich geregelt. Sie sollten dennoch stets den Fachmann zu Rate ziehen.

### Was nicht zum Nachlass gehört

Zu nennen sind:

- Der Betrag aus der Lebensversicherung an den Bezugsberechtigten, der im Versicherungsvertrag angegeben ist
- Mitgliedschaften in Vereinen
- Renten
- Unterhaltsansprüche

## Wichtige Gesetzestexte aus dem BGB

**§ 2064 Persönliche Errichtung**

Der Erblasser kann ein Testament nur persönlich errichten.

**§ 2065 Bestimmung durch Dritte**

(1) Der Erblasser kann eine letztwillige Verfügung nicht in der Weise treffen, dass ein anderer zu bestimmen hat, ob sie gelten oder nicht gelten soll.

(2) Der Erblasser kann die Bestimmung der Person, die eine Zuwendung erhalten soll, sowie die Bestimmung des Gegenstands der Zuwendung nicht einem anderen überlassen.

**§ 2247 Eigenhändiges Testament**

(1) Der Erblasser kann ein Testament durch eine eigenhändig geschriebene und unterschriebene Erklärung errichten.

(2) Der Erblasser soll in der Erklärung angeben, zu welcher Zeit (Tag, Monat und Jahr) und an welchem Orte er sie niedergeschrieben hat.

(3) Die Unterschrift soll den Vornamen und den Familiennamen des Erblassers enthalten. Unterschreibt der Erblasser in anderer Weise und reicht diese Unterzeichnung zur Feststellung der Urheberschaft des Erblassers und der Ernstlichkeit seiner Erklärung aus, so steht eine solche Unterzeichnung der Gültigkeit des Testaments nicht entgegen.

(4) Wer minderjährig ist oder Geschriebenes nicht zu lesen vermag, kann ein Testament nicht nach obigen Vorschriften errichten.

(5) Enthält ein nach Absatz 1 errichtetes Testament keine Angabe über die Zeit der Errichtung und ergeben sich hieraus Zweifel über seine Gültigkeit, so ist das Testament nur dann als gültig anzusehen, wenn sich die notwendigen Feststellungen über die Zeit der Errichtung anderweit treffen lassen. Dasselbe gilt entsprechend für ein Testament, das keine Angabe über den Ort der Errichtung enthält.

**§ 1922 Gesamtrechtsnachfolge**

(1) Mit dem Tode einer Person (Erbfall) geht deren Vermögen (Erbschaft) als Ganzes auf eine oder mehrere andere Personen (Erben) über.

(2) Auf den Anteil eines Miterben (Erbteil) finden die sich auf die Erbschaft beziehenden Vorschriften Anwendung.

# Was kann in einem Testament geregelt werden?

5

## Vererben oder vermachen

Vererben und vermachen wird im Volksmund häufig für dasselbe gehalten, nämlich für vererben. Wichtig ist zu erkennen, dass es sich dabei um zwei völlig verschiedene testamentarische Anordnungen handelt. Die genaue Unterscheidung ist deshalb so wichtig, da die Erbschaft und das Vermächtnis extrem unterschiedliche rechtliche Wirkungen für den Bedachten entfalten.

*Der Erbe (bei mehreren Erben die sogenannte Erbengemeinschaft)*

Der Erbe bzw. die Erbengemeinschaft erhält den Nachlass im Ganzen. Das bedeutet, dass er bzw. sie im Wege der sogenannten Gesamtrechtsnachfolge (fast) alle Rechte und Pflichten des Erblassers übernimmt. Dazu gehören auch Schulden des Erblassers. Wollen Sie Ihren Nachlass nur einer Person zukommen lassen, ist diese auf jeden Fall Erbe. Wollen Sie aber Ihren Nachlass auf mehrere Personen aufteilen, ist es ratsam zwischen Erben und Vermächtnisnehmern zu unterscheiden. An dieser Stelle sei nur gesagt, dass der Erbe eine relativ starke Rechtsstellung hat. Er wird zum Beispiel Eigentümer des Nachlasses allein durch Gesetz. Es ist keine Handlung bzw. Erklärung eines anderen notwendig.

*Muster für die Erbeinsetzung*

Mein letzter Wille

Ich, Marlene Reich, geboren am ..., setze meinen Sohn David, geboren am ..., derzeit wohnhaft in ..., zum Alleinerben meines ganzen Vermögens ein.

München, den 18. Januar 2012 — Marlene Reich

*Der Vermächtnisnehmer*

Der Vermächtnisnehmer erhält dagegen nur einzelne Gegenstände aus dem gesamten Nachlass. Allgemeine Verpflichtungen aus dem Nachlass hat er nicht. Der Vermächtnisnehmer erhält jedoch auch die Belastungen, die der vermachten Sache anhängen, z. B. die Hypothek am Hausgrundstück. Dennoch ist die Rechtsstellung des Vermächtnisnehmers relativ schwach. Er bekommt den vermachten Gegenstand nicht wie der Erbe „automatisch", also kraft Gesetzes, mit dem Tod des Erblassers. Er erhält lediglich einen Anspruch gegen den/die Erben, ihm den vermachten Gegenstand zu übergeben und das Eigentum daran ihm zu übertragen. Näheres hierzu finden Sie in Kapitel 7 „Das Vermächtnis".

*Muster für die Vermächtnisgabe*

Mein letzter Wille

Ich, Marlene Reich, geboren am ..., setze meinen Sohn David, geboren am ..., derzeit wohnhaft in ..., zum Alleinerben ein.

Mein teurer Freund und Sammlerkollege Horst Hurtig, geboren am ..., derzeit wohnhaft in ..., erhält meine Briefmarkensammlung als Vermächtnis. Mein Erbe David soll die Briefmarkensammlung gleich nach meinem Tod an Horst übergeben.

München, den 18. Januar 2012 Marlene Reich

# Enterben

Es steht Ihnen frei, wen Sie als Erben einsetzen wollen und wen nicht. Sie können also auch enge Familienmitglieder von der Erbschaft ausschließen.

Beachten Sie aber, dass die sogenannten Pflichtteilsberechtigten im Falle der Enterbung Ansprüche gegen den/die Erben haben.

Pflichtteilsberechtigte sind die Abkömmlinge des Erblassers, also seine Kinder, Enkel usw., sowie der Ehegatte. Hat der Erblasser keine Abkömmlinge, sind auch seine Eltern pflichtteilsberechtigt. Die enterbten Pflichtteilsberechtigten erhalten die Hälfte des Wertes ihres gesetzlichen Erbteils als Auszahlungsanspruch gegen den/die Erben. Man spricht von dem sogenannten Pflichtteilsanspruch. Wie Sie den gesetzlichen Erbteil bestimmen, ist bereits in Kapitel 1 „Gesetzliche Erbfolge" erklärt.

Es kann dennoch sinnvoll sein, jemanden zu enterben. Auch wenn dieser dann Pflichtteilsansprüche hat, wird er wenigstens nicht Mitglied der sogenannten Erbengemeinschaft. So können Sie beispielsweise dem Erben den Umgang mit Querulanten oder anders schwierigen Menschen ersparen. Es kann aber auch sein, dass ein gesetzlicher Erbe bereits einige Vermögenswerte von Ihnen bekommen hat und bei Ihrem Tod deshalb nichts mehr bekommen soll.

Sie sollten erklären, ob nur eine bestimmte Person von der Erbschaft oder sein ganzer Stamm ausgeschlossen wird. Enterben Sie nur die Person, treten bei gesetzlicher Erbfolge die Abkömmlinge der Person an die Stelle des Enterbten.

**Praxis-Tipp:**

Die Enterbung sollte im Testament ausdrücklich erklärt werden. Sonst kann es nach Ihrem Tod zu Streitigkeiten kommen, da die Erbsituation nicht eindeutig ist.

Sie können auch ein sogenanntes „negatives Testament" verfassen. Darin erklären Sie nur, wer nicht Erbe werden soll. Im Übrigen gilt dann die gesetzliche Erbfolge.

*Muster für eine Enterbung des zweiten Sohnes Daniel*

Mein letzter Wille

Ich, Marlene Reich, geboren am ..., setze meinen Sohn David, geboren am ..., derzeit wohnhaft in ..., zum Alleinerben meines ganzen Vermögens ein.

München, den 18. Januar 2012 Marlene Reich

oder

Mein letzter Wille

Ich, Marlene Reich, geboren am ..., schließe meinen Sohn Daniel, geboren am ..., derzeit wohnhaft in ..., von der Erbschaft aus. Daniel hat schon zu meinen Lebzeiten die Wohnung in der Maximilianstraße 1 in München bekommen. Der Ausschluss von der Erbschaft ist unabhängig vom Wert der Wohnung und dem Wert des Nachlasses im Zeitpunkt meines Todes.

München, den 18. Januar 2012 Marlene Reich

*Muster für die Enterbung von Daniel samt dessen Abkömmlingen*

Mein letzter Wille

Ich, Marlene Reich, geboren am ..., schließe meinen Sohn Daniel, geboren am ..., derzeit wohnhaft in ..., von der Erbschaft aus. Daniel hat schon zu meinen Lebzeiten die Wohnung in der Maximilianstraße 1 in München bekommen. Der Ausschluss bezieht sich ausdrücklich auch auf den Stamm von Daniel.

München, den 18. Januar 2012 Marlene Reich

# Bedingungen und Auflagen

## Bedingungen

Sie können bestimmte Regelungen in Ihrem Testament von einem noch ungewissen künftigen Ereignis abhängig machen. Es gibt zwei Formen der Bedingung. Die Bedingung ist meist ein Ereignis in der Zukunft. Es kann ein sicheres Ereignis sein (…, wenn mein Sohn 30 Jahre alt wird) oder ein unsicheres Ereignis (…, wenn mein Sohn Kinder bekommt).

*Aufschiebende Bedingung*

Durch eine aufschiebende Bedingung wird die testamentarische Anordnung erst mit Eintritt der Bedingung vollzogen.

*Muster für aufschiebende Bedingungen*

> Mein letzter Wille
>
> Ich, Marlene Reich, geboren am …, setze meine beiden Söhne David, geboren am …, derzeit wohnhaft in …, und Daniel, geboren am …, derzeit wohnhaft in …, zu meinen Erben meines ganzen Vermögens ein. Daniel soll aber erst mit Abschluss seines Studiums Erbe werden.
>
> München, den 18. Januar 2012 Marlene Reich

Eine solche Regelung trägt den Gedanken, dass Daniel davor vielleicht noch nicht erfahren genug in wirtschaftlichen Fragen ist, um mit einer (großen) Erbschaft umzugehen.

Mein letzter Wille

Ich, Marlene Reich, geboren am ..., setze meinen Sohn David, geboren am ..., derzeit wohnhaft in ..., zum Alleinerben meines ganzen Vermögens ein.

Meine Literatursammlung erhält meine Nichte Else als Vermächtnis, unter der Bedingung, dass sie ihr Germanistikstudium erfolgreich abschließt.

München, den 18. Januar 2012 Marlene Reich

Eine solche Anordnung kann etwa die Motivation von Else für ihr Studium erhöhen.

*Auflösende Bedingung*

Bei einer auflösenden Bedingung wird eine testamentarische Regelung mit dem Eintritt der Bedingung unwirksam. Bis dahin ist die Regelung wirksam. Man nennt solche Bedingungen auch Straf- oder Verwirkungsklauseln. Zweck dieser Klauseln ist oft, auf den Erben mittelbar Druck auszuüben, etwas zu tun oder zu unterlassen.

*Muster für eine auflösende Bedingung*

Mein letzter Wille

Ich, Marlene Reich, geboren am ..., setze meinen Mann Martin, geboren am ..., derzeit wohnhaft in ..., zum Alleinerben meines ganzen Vermögens ein. Jedoch unter der Bedingung, dass er nicht mehr heiratet. Im Falle seiner Wiederverheiratung soll meine Nichte Erna anstelle meines Mannes Alleinerbin werden.

München, den 18. Januar 2012 Marlene Reich

**Praxis-Tipp:**

Sie sollten Zeiträume angeben, in denen die Bedingung eintreten muss. Dies gilt besonders für die „aufschiebende Bedingung". Irgendwann sollte nämlich klar sein, wie der Nachlass endgültig verteilt wird. Sonst müssen Erben stets befürchten, Teile der Erbschaft vielleicht doch noch einmal herausgeben zu müssen. Regelmäßig geht das Gesetz von einem längstens 30 Jahre dauernden Zeitraum aus.

Weiterhin sollten Sie eindeutig bestimmen, was passieren soll, wenn die Bedingung nicht eintritt.

## Auflagen

Durch die Auflage verpflichten Sie den Erben etwas Bestimmtes zu tun oder nicht zu tun. Sie können auch jemanden mit einer Geldauflage begünstigen. Damit die Auflage nicht unerfüllt bleibt, haben die Miterben und die Erbeserben die Möglichkeit, die Erfüllung der Auflage einzuklagen.

**Wichtig:** Bei der Auflage hat ein durch die Auflage Begünstigter kein eigenes Klagerecht. Er muss darauf hoffen, dass ein Miterbe für ihn klagt. Es ist aber meist nicht sehr wahrscheinlich, dass ein Miterbe dies einklagen wird. Regelmäßig wird die Erfüllung der Auflage den Nachlass im Wert mindern. Der Miterbe hat also kein Interesse daran.

**Praxis-Tipp:**

Wollen Sie sicher gehen, dass der Begünstigte unter allen Umständen die ihm zugedachten Sachen erhält, sollten Sie eher das Vermächtnis als die Auflage wählen.

*Muster für Auflagen*

Mein letzter Wille

Ich, Marlene Reich, geboren am …, setze meinen Sohn David, geboren am …, derzeit wohnhaft in …, zum Alleinerben meines ganzen Vermögens ein.

David soll einen Betrag von 2 000,– Euro an eine gemeinnützige Umweltorganisation spenden.

München, den 18. Januar 2012 Marlene Reich

oder

Mein letzter Wille

Ich, Marlene Reich, geboren am …, setze meinen Sohn David, geboren am …, derzeit wohnhaft in …, zum Alleinerben meines ganzen Vermögens ein.

Er soll aber mein Grab persönlich pflegen und stets an meinen Geburtstagen sowie an meinen Todestagen meine Lieblingsblumen, weiße Lilien, am Grab pflanzen.

München, den 18. Januar 2012 Marlene Reich

## Mehrere Erben

Setzen Sie mehrere Erben nebeneinander ein, werden diese Mitglieder einer Erbengemeinschaft. Näheres zur Erbengemeinschaft lesen Sie in den Kapiteln 6 „Testamentsgestaltung bei mehreren Erben" und 11 „Die Erbengemeinschaft".

Sie können aber auch regeln, dass mehrere Personen nicht gleichzeitig, sondern nacheinander Erbe werden sollen. Dazu im Folgenden.

# Vor- und Nacherbe

Dabei geht es darum, die Weitergabe Ihres Vermögens über mehrere Generationen oder verschiedene Erben nacheinander zu steuern. Sie bestimmen zunächst den Vorerben, also denjenigen, der Ihr Vermögen nach Ihrem Tod erhält. Der Vorerbe erhält die Erbschaft aber nicht endgültig, sondern nur auf Zeit. Erst der Nacherbe erhält die Erbschaft endgültig. Sie können aber auch mehrere Nacherben hintereinander bestimmen. Dann wird der erste Nacherbe mit dem Übergang der Erbschaft Vorerbe. Erst der letzte Nacherbe bleibt Nacherbe und erhält die Erbschaft endgültig.

## Wer kann Nacherbe werden?

Jeder, der Erbe werden kann, kann auch Nacherbe werden (siehe Kapitel 3 „Testier- und Erbfähigkeit").

## Eintritt des Nacherbfalls

Sie können den Eintritt des Nacherbfalls zeitlich bestimmen oder von einem bestimmten Ereignis abhängig machen. Haben Sie dazu keine Bestimmung getroffen, so tritt die Nacherbschaft mit dem Tod des Vorerben ein.

**Beispiele:**

- „Mein Sohn Rudi wird zehn Jahre nach meinem Tod Nacherbe meines Mannes."
- „Mein Sohn David wird Nacherbe meines Mannes, wenn er Vater geworden ist."
- „Mein Sohn Rudi wird mit den Tod meines Mannes Nacherbe von ihm."

**Wichtig:** Die Nacherbschaft muss innerhalb von 30 Jahren eintreten. Andernfalls wird die Einsetzung des Nacherben unwirksam. Diese zeitliche Begrenzung hat zwei Ausnahmen. Sie gelten nur für sogenannte „natürliche Personen", also Menschen. Die 30-Jahre-Grenze gilt nicht, wenn

- die Nacherbfolge für den Fall angeordnet ist, dass in der Person des Vor- oder Nacherben ein bestimmtes Ereignis eintritt und wenn dieser bei dem Eintritt des Ereignisses noch lebt. Darunter fällt auch die Nacherbschaft mit dem Tod des Vorerben.
- ein Nacherbe bestimmt wird für den Fall, dass einem Vor- oder Nacherben ein Geschwister geboren wird.

## Rechte des Vorerben

Der Vorerbe erhält die Erbschaft mit dem Tod des Erblassers. Anders als beim endgültigen Erben verschmelzen sein Vermögen und das geerbte Vermögen nicht. Beide Vermögen sind rechtlich getrennt. Zum Umgang mit dem geerbten Vermögen ist zu unterscheiden zwischen dem „befreiten Vorerben" und dem „nicht befreiten Vorerben".

### *Befreiter Vorerbe*

Sie können anordnen, dass der Vorerbe frei über die Erbschaft verfügen darf. Auch eine nur teilweise Befreiung von den Beschränkungen ist möglich. In diesem Fall bekommt der Nacherbe nur, was im Zeitpunkt des Nacherbfalls noch von der Erbschaft übrig ist.

Der Vorerbe muss nur dann Schadenersatz an den Nacherben zahlen, wenn er die Erbschaft böswillig zu Lasten des Nacherben vermindert hat.

*Nicht befreiter Vorerbe*

Ordnen Sie im Testament nichts dazu an, wird der Vorerbe nicht befreit. Ziel ist dann, die Erbschaft für den Nacherben ungeschmälert zu erhalten. Deshalb ist es dem „nicht befreiten Vorerben" durch gesetzliche Regelungen nahezu unmöglich den Bestand der Erbschaft anzutasten. Diese Beschränkungen sind in den §§ 2114, 2116 bis 2119, 2123, 2127 bis 2131, 2133, 2134 BGB geregelt.

Der „nicht befreite Vorerbe" darf im Wesentlichen nur die Erbschaft nutzen und die Erträge aus der Erbschaft verbrauchen. Er kann zum Beispiel ein geerbtes Haus bewohnen (Nutzung) oder vermieten und die Mieteinnahmen (Ertrag) verbrauchen.

Der „nicht befreite Vorerbe" muss die Erbsache in tatsächlicher und rechtlicher Hinsicht im Bestand aufrechterhalten. Er muss also notwendige Reparaturen an einem geerbten Haus vornehmen oder vornehmen lassen. Tut er dies nicht, ist er gegenüber den Nacherben zum Ersatz des dadurch entstehenden Schaden verpflichtet.

**Praxis-Tipp:**

Wollen Sie die Vor- und Nacherbschaft anordnen, sollten Sie sich eingehend von einem Rechtsanwalt beraten lassen. Nur in einem Gespräch mit dem Anwalt können Sie alle rechtlichen Möglichkeiten erörtern und auf die Folgen für die Erben hingewiesen werden.

## Rechte des Nacherben

Der Nacherbe wird Erbe des Erblassers, nicht etwa der Erbe des Vorerben. Er hat die gleichen Rechte und Pflichten wie der „normale" Erbe. Lesen Sie hierzu weiter in Kapitel 10 „Rechte und Pflichten der Erben".

*Muster für die Einsetzung eines nicht befreiten Nacherben*

Mein letzter Wille

Ich, Marlene Reich, geboren am ..., setze meinen Mann Martin, geboren am ..., derzeit wohnhaft in ..., zum Alleinerben meines ganzen Vermögens ein. Er wird aber nur Vorerbe und soll den Nachlass für meine Söhne David, geboren am ..., derzeit wohnhaft in ..., und Daniel, geboren am ..., derzeit wohnhaft in ..., im Wert und Bestand erhalten. Von den gesetzlichen Verfügungsbeschränkungen wird mein Mann ausdrücklich nicht befreit.

Der Nacherbfall tritt mit Davids 40. Geburtstag ein.

München, den 18. Januar 2012 Marlene Reich

**Praxis-Tipp:**

Die Anordnung der Vor- und Nacherbschaft ist steuerrechtlich ungünstig. Die Erbschaftsteuer fällt nämlich sowohl beim Anfall der Vorerbschaft als auch beim Anfall der Nacherbschaft an.

Die Vor- und Nacherbschaft ist auch dem Familienfrieden oftmals abträglich. Wegen der Verfügungsbeschränkungen des Vorerbens kann es leicht zu Streitigkeiten mit dem Nacherben kommen.

## Ersatzerbe

Sie können für jeden Erben einen Ersatzerben bestimmen. Dieser wird dann Erbe, wenn der zunächst bestimmte Erbe beim Erbfall schon verstorben ist. Dadurch können Sie insbesondere verhindern, dass in einem solchen Fall die gesetzliche Erbfolge eintritt.

Bestimmen Sie keinen Ersatzerben, so wird im Zweifel der Abkömmling des verstorbenen Erben Ersatzerbe.

*Muster für die Einsetzung eines Ersatzerben*

Mein letzter Wille

Ich, Marlene Reich, geboren am ..., setze meinen Sohn David, geboren am ..., derzeit wohnhaft in ..., zum Alleinerben meines ganzen Vermögens ein.

Für den Fall, dass David nicht Erbe wird, setze ich seine Nichte, geboren am ..., derzeit wohnhaft in ..., zur Ersatzerbin ein.

München, den 18. Januar 2012 Marlene Reich

## Testamentsvollstreckung

Wollen Sie ganz sicher gehen, dass Ihr letzter Wille auch wirklich vollzogen wird, können Sie einen Testamentsvollstrecker einsetzen.

Der Testamentsvollstrecker hat die Aufgabe, das Testament zu vollstrecken. Er muss dafür sorgen, dass dies nach Ihrem Willen geschieht. Zum Teil hat der Testamentsvollstrecker nur die Aufgabe, den Nachlass aufzuteilen. In anderen Fällen ist er zur Verwaltung des Nachlasses berufen.

Die Testamentsvollstreckung kostet Geld und ist nicht immer ganz einfach. Lassen Sie sich deshalb von einem Rechtsanwalt beraten, falls Sie mit dem Gedanken einer Testamentsvollstreckung spielen.

## Wichtige Gesetzestexte aus dem BGB

**§ 1937 Erbeinsetzung durch letztwillige Verfügung**

Der Erblasser kann durch einseitige Verfügung von Todes wegen (Testament, letztwillige Verfügung) den Erben bestimmen.

### § 1938 Enterbung ohne Erbeinsetzung

Der Erblasser kann durch Testament einen Verwandten, den Ehegatten oder den Lebenspartner von der gesetzlichen Erbfolge ausschließen, ohne einen Erben einzusetzen.

### § 1939 Vermächtnis

Der Erblasser kann durch Testament einem anderen, ohne ihn als Erben einzusetzen, einen Vermögensvorteil zuwenden (Vermächtnis).

### § 1940 Auflage

Der Erblasser kann durch Testament den Erben oder einen Vermächtnisnehmer zu einer Leistung verpflichten, ohne einem anderen ein Recht auf die Leistung zuzuwenden (Auflage).

*Hinweis*: siehe auch § 2032 BGB, abgedruckt in Kapitel 6.

### § 2100 Nacherbe

Der Erblasser kann einen Erben in der Weise einsetzen, dass dieser erst Erbe wird, nachdem zunächst ein anderer Erbe geworden ist (Nacherbe).

### § 2109 Unwirksamwerden der Nacherbschaft

(1) Die Einsetzung eines Nacherben wird mit dem Ablauf von 30 Jahren nach dem Erbfall unwirksam, wenn nicht vorher der Fall der Nacherbfolge eingetreten ist. Sie bleibt auch nach dieser Zeit wirksam,

1. wenn die Nacherbfolge für den Fall angeordnet ist, dass in der Person des Vorerben oder des Nacherben ein bestimmtes Ereignis eintritt, und derjenige, in dessen Person das Ereignis eintreten soll, zur Zeit des Erbfalls lebt,

2. wenn dem Vorerben oder einem Nacherben für den Fall, dass ihm ein Bruder oder eine Schwester geboren wird, der Bruder oder die Schwester als Nacherbe bestimmt ist.

(2) Ist der Vorerbe oder der Nacherbe, in dessen Person das Ereignis eintreten soll, eine juristische Person, so bewendet es bei der dreißigjährigen Frist.

### § 2193 Bestimmung des Begünstigten, Vollziehungsfrist

(1) Der Erblasser kann bei der Anordnung einer Auflage, deren Zweck er bestimmt hat, die Bestimmung der Person, an welche die Leistung erfolgen soll, dem Beschwerten oder einem Dritten überlassen.

(2) Steht die Bestimmung dem Beschwerten zu, so kann ihm, wenn er zur Vollziehung der Auflage rechtskräftig verurteilt ist, von dem Kläger eine angemessene Frist zur Vollziehung bestimmt werden; nach dem Ablauf der Frist ist der Kläger berechtigt, die Bestimmung zu treffen, wenn nicht die Vollziehung rechtzeitig erfolgt.

(3) Steht die Bestimmung einem Dritten zu, so erfolgt sie durch Erklärung gegenüber dem Beschwerten. Kann der Dritte die Bestimmung nicht treffen, so geht das Bestimmungsrecht auf den Beschwerten über. Die Vorschrift des § 2151 Abs. 3 Satz 2 findet entsprechende Anwendung; zu den Beteiligten im Sinne dieser Vorschrift gehören der Beschwerte und diejenigen, welche die Vollziehung der Auflage zu verlangen berechtigt sind.

### § 2197 Ernennung des Testamentsvollstreckers

(1) Der Erblasser kann durch Testament einen oder mehrere Testamentsvollstrecker ernennen.

(2) Der Erblasser kann für den Fall, dass der ernannte Testamentsvollstrecker vor oder nach der Annahme des Amts wegfällt, einen anderen Testamentsvollstrecker ernennen.

### § 2203 Aufgabe des Testamentsvollstreckers

Der Testamentsvollstrecker hat die letztwilligen Verfügungen des Erblassers zur Ausführung zu bringen.

### § 2205 Verwaltung des Nachlasses, Verfügungsbefugnis

Der Testamentsvollstrecker hat den Nachlass zu verwalten. Er ist insbesondere berechtigt, den Nachlass in Besitz zu nehmen und über die Nachlassgegenstände zu verfügen. Zu unentgeltlichen Verfügungen ist er nur berechtigt, soweit sie einer sittlichen Pflicht oder einer auf den Anstand zu nehmenden Rücksicht entsprechen.

### § 2209 Dauervollstreckung

Der Erblasser kann einem Testamentsvollstrecker die Verwaltung des Nachlasses übertragen, ohne ihm andere Aufgaben als die Verwaltung zuzuweisen; er kann auch anordnen, dass der Testamentsvollstrecker die Verwaltung nach der Erledigung der ihm sonst zugewiesenen Aufgaben fortzuführen hat. Im Zweifel ist anzunehmen, dass einem solchen Testamentsvollstrecker die in § 2207 bezeichnete Ermächtigung erteilt ist.

### § 2221 Vergütung des Testamentsvollstreckers

Der Testamentsvollstrecker kann für die Führung seines Amts eine angemessene Vergütung verlangen, sofern nicht der Erblasser ein anderes bestimmt hat.

*Hinweis*: Die folgenden Gesetzestexte regeln die Vorerbenbeschränkung.

### § 2112 Verfügungsrecht des Vorerben

Der Vorerbe kann über die zur Erbschaft gehörenden Gegenstände verfügen, soweit sich nicht aus den Vorschriften der §§ 2113 bis 2115 ein anderes ergibt.

### § 2114 Verfügungen über Hypothekenforderungen, Grund- und Rentenschulden

Gehört zur Erbschaft eine Hypothekenforderung, eine Grundschuld, eine Rentenschuld oder eine Schiffshypothekenforderung, so steht die Kündigung und die Einziehung dem Vorerben zu. Der Vorerbe kann jedoch nur verlangen, dass das Kapital an ihn nach Beibringung der Einwilligung des Nacherben gezahlt oder dass es für ihn und den Nacherben hinterlegt wird. Auf andere Verfügungen über die Hypothekenforderung, die Grundschuld, die Rentenschuld oder die Schiffshypothekenforderung findet die Vorschrift des § 2113 Anwendung.

### § 2116 Hinterlegung von Wertpapieren

(1) Der Vorerbe hat auf Verlangen des Nacherben die zur Erbschaft gehörenden Inhaberpapiere nebst den Erneuerungsscheinen bei einer Hinterlegungsstelle mit der Bestimmung zu hinterlegen, dass die Herausgabe nur mit Zustimmung des Nacherben verlangt werden kann. Die Hinterlegung von Inhaberpapieren, die nach § 92 zu den verbrauchbaren Sachen gehören, sowie von Zins-, Renten- oder Gewinnanteilscheinen kann nicht verlangt werden. Den Inhaberpapieren stehen Orderpapiere gleich, die mit Blankoindossament versehen sind.

(2) Über die hinterlegten Papiere kann der Vorerbe nur mit Zustimmung des Nacherben verfügen.

### § 2117 Umschreibung; Umwandlung

Der Vorerbe kann die Inhaberpapiere, statt sie nach § 2116 zu hinterlegen, auf seinen Namen mit der Bestimmung umschreiben lassen, dass er über sie nur mit Zustimmung des Nacherben verfügen kann. Sind die Papiere vom Bund oder von einem Land ausgestellt, so kann er sie mit der gleichen Bestimmung in Buchforderungen gegen den Bund oder das Land umwandeln lassen.

### § 2118 Sperrvermerk im Schuldbuch

Gehören zur Erbschaft Buchforderungen gegen den Bund oder ein Land, so ist der Vorerbe auf Verlangen des Nacherben verpflichtet, in das Schuldbuch den Vermerk eintragen zu lassen, dass er über die Forderungen nur mit Zustimmung des Nacherben verfügen kann.

### § 2119 Anlegung von Geld

Geld, das nach den Regeln einer ordnungsmäßigen Wirtschaft dauernd anzulegen ist, darf der Vorerbe nur nach den für die Anlegung von Mündelgeld geltenden Vorschriften anlegen.

### § 2123 Wirtschaftsplan

(1) Gehört ein Wald zur Erbschaft, so kann sowohl der Vorerbe als der Nacherbe verlangen, dass das Maß der Nutzung und die Art der wirtschaftlichen Behandlung durch einen Wirtschaftsplan festgestellt werden. Tritt eine erhebliche Änderung der Umstände ein, so kann jeder Teil eine entsprechende Änderung des Wirtschaftsplans verlangen. Die Kosten fallen der Erbschaft zur Last.

(2) Das Gleiche gilt, wenn ein Bergwerk oder eine andere auf Gewinnung von Bodenbestandteilen gerichtete Anlage zur Erbschaft gehört.

### § 2127 Auskunftsrecht des Nacherben

Der Nacherbe ist berechtigt, von dem Vorerben Auskunft über den Bestand der Erbschaft zu verlangen, wenn Grund zu der Annahme besteht, dass der Vorerbe durch seine Verwaltung die Rechte des Nacherben erheblich verletzt.

### § 2128 Sicherheitsleistung

(1) Wird durch das Verhalten des Vorerben oder durch seine ungünstige Vermögenslage die Besorgnis einer erheblichen Verletzung der Rechte des Nacherben begründet, so kann der Nacherbe Sicherheitsleistung verlangen.

(2) Die für die Verpflichtung des Nießbrauchers zur Sicherheitsleistung geltende Vorschrift des § 1052 findet entsprechende Anwendung.

### § 2129 Wirkung einer Entziehung der Verwaltung

(1) Wird dem Vorerben die Verwaltung nach der Vorschrift des § 1052 entzogen, so verliert er das Recht, über Erbschaftsgegenstände zu verfügen.

(2) Die Vorschriften zugunsten derjenigen, welche Rechte von einem Nichtberechtigten herleiten, finden entsprechende Anwendung. Für die zur Erbschaft gehörenden Forderungen ist die Entziehung der Verwaltung dem Schuldner gegenüber erst wirksam, wenn er von der getroffenen Anordnung Kenntnis erlangt oder wenn ihm eine Mitteilung von der Anordnung zugestellt wird. Das Gleiche gilt von der Aufhebung der Entziehung.

### § 2130 Herausgabepflicht nach dem Eintritt der Nacherbfolge, Rechenschaftspflicht

(1) Der Vorerbe ist nach dem Eintritt der Nacherbfolge verpflichtet, dem Nacherben die Erbschaft in dem Zustand herauszugeben, der sich bei einer bis zur Herausgabe fortgesetzten ordnungsmäßigen Verwaltung ergibt. Auf die Herausgabe eines landwirtschaftlichen Grundstücks findet die Vorschrift des § 596a, auf die Herausgabe eines Landguts finden die Vorschriften der §§ 596a, 596b entsprechende Anwendung.

(2) Der Vorerbe hat auf Verlangen Rechenschaft abzulegen.

### § 2131 Umfang der Sorgfaltspflicht

Der Vorerbe hat dem Nacherben gegenüber in Ansehung der Verwaltung nur für diejenige Sorgfalt einzustehen, welche er in eigenen Angelegenheiten anzuwenden pflegt.

### § 2133 Ordnungswidrige oder übermäßige Fruchtziehung

Zieht der Vorerbe Früchte den Regeln einer ordnungsmäßigen Wirtschaft zuwider oder zieht er Früchte deshalb im Übermaß, weil dies infolge eines besonderen Ereignisses notwendig geworden ist, so gebührt ihm der Wert der Früchte nur insoweit, als durch den ordnungswidrigen oder den übermäßigen Fruchtbezug die ihm gebührenden Nutzungen beeinträchtigt werden und nicht der Wert der Früchte nach den Regeln einer ordnungsmäßigen Wirtschaft zur Wiederherstellung der Sache zu verwenden ist.

### § 2134 Eigennützige Verwendung

Hat der Vorerbe einen Erbschaftsgegenstand für sich verwendet, so ist er nach dem Eintritt der Nacherbfolge dem Nacherben gegenüber zum Ersatz des Wertes verpflichtet. Eine weitergehende Haftung wegen Verschuldens bleibt unberührt.

# Testamentsgestaltung bei mehreren Erben

6

## Der Nachlass als Einheit

Für Sie als Verfasser eines Testaments ist wichtig zu wissen, dass mehrere Erben den gesamten Nachlass als Einheit zusammen erben. Dabei erhält jeder Erbe das Recht auf einen bestimmten Bruchteil des gesamten Nachlasses. Einzelne Gegenstände werden also nicht vererbt.

**Praxis-Tipp:**

Bedenken Sie, dass die Einsetzung mehrerer Erben in aller Regel zu Streit unter den Erben führt. Sie sollten zunächst prüfen, ob Sie statt dessen nur einen Erben einsetzen und die anderen mit Vermächtnissen bedenken.

Wollen Sie dennoch mehrere Erben einsetzen, sollten Sie möglichst konkret die Teilung des Nachlasses regeln.

## Einsetzung zu Bruchteilen

Jeder Erbe erhält einen bestimmten Bruchteil des Nachlasses. Am besten geben Sie die Bruchteile im Testament konkret an. Dies bezeichnet man auch als Erbquote.

*Muster für die Erbeinsetzung*

Mein letzter Wille

Ich, Marlene Reich, geboren am …, setze meinen Sohn David, geboren am …, derzeit wohnhaft in …, zum Erben zu $^1/_2$ und meine beiden Neffen Richard und Valentin zu je $^1/_4$ meines ganzen Vermögens ein.

München, den 18. Januar 2012 Marlene Reich

# Teilungsanordnung

Haben Sie konkrete Vorstellungen darüber, welcher Erbe welche Gegenstände erhalten soll, regeln Sie dies über eine Teilungsanordnung. Die aufgrund einer Teilungsanordnung aufgeteilten Gegenstände werden auf die jeweiligen Erbteile angerechnet. Die Teilungsanordnung führt also nicht zu einer Wertveränderung der Erbteile. Sie konkretisiert die Erbteile nur.

**Praxis-Tipp:**

Die Teilungsanordnung ist in vielen Testamenten nur schwer von einem Vorausvermächtnis zu unterscheiden. Achten Sie also darauf, dass Ihre Anordnung konkret und eindeutig formuliert ist.

*Muster für eine Teilungsanordnung*

Mein letzter Wille

Ich, Marlene Reich, geboren am ..., setze meinen Sohn David, geboren am ..., derzeit wohnhaft in ..., zum Erben zu 1/2 und meine beiden Neffen Richard und Valentin zu je 1/4 meines ganzen Vermögens ein.

Für die Teilung des Nachlasses unter den Erben ordne ich Folgendes an:

David erhält das bebaute Grundstück in ..., Richard erhält meine Gemäldesammlung und Valentin erhält das Ferienhaus in der Toskana. Eine Anrechnung auf die Erbteile findet statt.

München, den 18. Januar 2012 Marlene Reich

## Vorausvermächtnis

Das Vorausvermächtnis erhält der Erbe – neben seiner Erbschaft – von der Erbengemeinschaft. Er kann das Vorausvermächtnis auch schon vor der Aufteilung des Nachlasses verlangen. Wenn Sie also dem Erben etwas möglichst schnell zukommen lassen wollen, tun Sie dies am besten im Wege des Vorausvermächtnisses.

Das Vorausvermächtnis wird nicht auf den Erbteil angerechnet.

*Muster für ein Vorausvermächtnis*

> Mein letzter Wille
>
> Ich, Marlene Reich, geboren am …, setze meinen Sohn David, geboren am …, derzeit wohnhaft in …, zum Erben zu $^1/_2$ und meine beiden Neffen Richard und Valentin zu je $^1/_4$ meines ganzen Vermögens ein.
>
> David erhält im Voraus als Vermächtnis das bebaute Grundstück in …, ohne Anrechnung auf sein Erbteil.
>
> München, den 18. Januar 2012 Marlene Reich

## Ausfall eines Erben

Fällt ein Erbe unter mehreren Erben aus, wird dessen Erbteil auf die anderen Erben aufgeteilt. Es wird an die verbleibenden Erben nach den Verhältnissen ihrer Erbteile verteilt. Man nennt dies Anwachsung des Erbteils.

Ein Erbe kann ausfallen, indem er

- vor dem Erbfall verstorben ist oder
- die Erbschaft ausgeschlagen hat.

Sie können durch Testament die Anwachsung auch anders regeln oder sie ganz ausschließen.

# Wichtige Gesetzestexte aus dem BGB

**§ 2032 Erbengemeinschaft**

(1) Hinterlässt der Erblasser mehrere Erben, so wird der Nachlass gemeinschaftliches Vermögen der Erben.

(2) Bis zur Auseinandersetzung gelten die Vorschriften der §§ 2033 bis 2041.

**§ 2040 Verfügung über Nachlassgegenstände, Aufrechnung**

(1) Die Erben können über einen Nachlassgegenstand nur gemeinschaftlich verfügen.

(2) Gegen eine zum Nachlass gehörende Forderung kann der Schuldner nicht eine ihm gegen einen einzelnen Miterben zustehende Forderung aufrechnen.

**§ 2048 Teilungsanordnungen des Erblassers**

Der Erblasser kann durch letztwillige Verfügung Anordnungen für die Auseinandersetzung treffen. Er kann insbesondere anordnen, dass die Auseinandersetzung nach dem billigen Ermessen eines Dritten erfolgen soll. Die von dem Dritten auf Grund der Anordnung getroffene Bestimmung ist für die Erben nicht verbindlich, wenn sie offenbar unbillig ist; die Bestimmung erfolgt in diesem Falle durch Urteil.

**§ 2050 Ausgleichungspflicht für Abkömmlinge als gesetzliche Erben**

(1) Abkömmlinge, die als gesetzliche Erben zur Erbfolge gelangen, sind verpflichtet, dasjenige, was sie von dem Erblasser bei dessen Lebzeiten als Ausstattung erhalten haben, bei der Auseinandersetzung untereinander zur Ausgleichung zu bringen, soweit nicht der Erblasser bei der Zuwendung ein anderes angeordnet hat.

(2) Zuschüsse, die zu dem Zwecke gegeben worden sind, als Einkünfte verwendet zu werden, sowie Aufwendungen für die Vorbildung zu einem Beruf sind insoweit zur Ausgleichung zu bringen, als sie das den Vermögensverhältnissen des Erblassers entsprechende Maß überstiegen haben.

(3) Andere Zuwendungen unter Lebenden sind zur Ausgleichung zu bringen, wenn der Erblasser bei der Zuwendung die Ausgleichung angeordnet hat.

### § 2094 Anwachsung

(1) Sind mehrere Erben in der Weise eingesetzt, dass sie die gesetzliche Erbfolge ausschließen, und fällt einer der Erben vor oder nach dem Eintritt des Erbfalls weg, so wächst dessen Erbteil den übrigen Erben nach dem Verhältnis ihrer Erbteile an. Sind einige der Erben auf einen gemeinschaftlichen Erbteil eingesetzt, so tritt die Anwachsung zunächst unter ihnen ein.

(2) Ist durch die Erbeinsetzung nur über einen Teil der Erbschaft verfügt und findet in Ansehung des übrigen Teils die gesetzliche Erbfolge statt, so tritt die Anwachsung unter den eingesetzten Erben nur ein, soweit sie auf einen gemeinschaftlichen Erbteil eingesetzt sind.

(3) Der Erblasser kann die Anwachsung ausschließen.

### § 2096 Ersatzerbe

Der Erblasser kann für den Fall, dass ein Erbe vor oder nach dem Eintritt des Erbfalls wegfällt, einen anderen als Erben einsetzen (Ersatzerbe).

# Das Vermächtnis

7

## Was ist ein Vermächtnis?

Als Vermächtnis werden sowohl die Anordnung des Erblassers in seinem Testament als auch das daraus hervorgehende Recht des Bedachten bezeichnet. Ziel des Vermächtnisses ist es, dem Bedachten einen einzelnen Gegenstand oder sonstigen Vermögenswert zukommen zu lassen, ohne dass dieser Erbe werden soll.

Ein Vermächtnis können Sie in jeder Form von letztwilligen Verfügungen als auch in einem Erbvertrag anordnen.

Dem Vermächtnis sind der „Voraus" und der „Dreißigste" gesetzlich gleichgestellt.

Wichtig ist die Unterscheidung zwischen Vermächtnis und Auflage. Nur das Vermächtnis gibt dem Bedachten einen eigenen einklagbaren Anspruch.

## Wer kann ein Vermächtnis erhalten?

Sogenannter Vermächtnisnehmer kann sowohl jede natürliche Person (also jeder Mensch) als auch juristische Person (Firmen, Vereine, Gesellschaften, Stiftungen etc.) sein.

Anders als der Erbe muss der Vermächtnisnehmer im Zeitpunkt des Erbfalls noch nicht gezeugt sein. Es kann also auch ein lang ersehntes Enkelkind mit einem Vermächtnis bedacht werden. Der Vermächtnisnehmer muss aber zum Zeitpunkt des Erbfalls noch leben. Entsprechend muss die juristische Person (z. B. Gesellschaft) beim Erbfall noch bestehen.

**Praxis-Tipp:**

Es ist anzuraten, einen sogenannten Nachvermächtnisnehmer einzusetzen. Der Nachvermächtnisnehmer bekommt das Vermächtnis, wenn der ursprüngliche Vermächtnisnehmer beim Erbfall nicht mehr lebt bzw. nicht mehr existiert. Setzen Sie keinen Nachvermächtnisnehmer ein, würde das Vermächtnis in diesen Fällen erlöschen.

**Wichtig:** Der Vermächtnisnehmer kann zugleich auch Erbe sein.

## Von wem bekommt man das Vermächtnis?

Das Vermächtnis muss der sogenannte Beschwerte herausgeben oder erfüllen. Beschwerter kann der Erbe oder ein anderer Vermächtnisnehmer sein.

Ist im Testament kein Beschwerter bestimmt, ist der Erbe beschwert.

## Was kann vermacht werden?

Gegenstand eines Vermächtnisses kann alles sein. Das Vermächtnis muss für den Vermächtnisnehmer nur ein Vermögensvorteil sein. Dieser muss jedoch nicht dauerhaft sein.

Das können Sie beispielsweise vermachen:

- Einzelne Gegenstände (auch Geld, Aktien etc.)
- Eine Sachgesamtheit (z. B. „alle Haushaltsgegenstände", den Betrieb)
- Tiere
- Nutzungsrechte (z. B. das Wohnrecht)

- Forderungsverzicht (z. B. die Rückzahlung eines vom Erblasser ausgezahlten Darlehens wird dem Vermächtnisnehmer erlassen)
- Rechte (z. B. Urheberrechte etc.)

**Achtung:** Der Vermächtnisnehmer übernimmt grundsätzlich auch die Belastungen, die dem vermachten Gegenstand anhaften, z. B. die Grundstückshypothek. Sie können aber auch anordnen, dass das Vermächtnis frei von Belastungen sein soll. Dann muss der Erbe dafür sorgen, dass die Belastung am Gegenstand beseitigt wird, z. B. durch Zahlung der Hypothekenschuld.

## Verschiedene Arten von Vermächtnissen

### Stück- und Gattungsvermächtnis

Beim Stückvermächtnis werden ein oder mehrere konkrete Gegenstände vermacht. Beim Gattungsvermächtnis ist der zugewandte Gegenstand nur der Art nach bestimmt, z. B. eine Kiste Rotwein oder ein Bild von Dali.

### Wahlvermächtnis

Sie können auch anordnen, der Vermächtnisnehmer solle aus mehreren Gegenständen wahlweise einen als Vermächtnis erhalten.

**Beispiel:**

Der Vermächtnisnehmer erhält ein Bild aus Ihrer Sammlung.

Sie sollten in Ihrem Testament anordnen, ob der Beschwerte oder der Vermächtnisnehmer auswählen darf. Sie können auch jemand anderem, z. B. einem alten Familienfreund, die Wahl übertragen. Kann oder will dieser die Wahl nicht treffen, darf der Beschwerte wählen. Sie können natürlich auch einen Ersatzmann für die Wahl bestimmen.

Haben Sie dazu gar nichts angeordnet, darf der Beschwerte wählen.

## Verschaffungsvermächtnis

Das Verschaffungsvermächtnis ist auf einen Gegenstand gerichtet, der nicht zum Nachlass gehört. Mit dem Verschaffungsvermächtnis verpflichten Sie den Beschwerten, einen bestimmten Gegenstand für den Vermächtnisnehmer anzuschaffen. Sie können also einen Pkw Marke X Modell Y vermachen, auch wenn Sie einen solchen Pkw nie selbst besessen haben.

Kann der Beschwerte den Gegenstand nicht oder nur mit unverhältnismäßig hohem Aufwand beschaffen, erhält der Vermächtnisnehmer den Wert der Sache. Kann der Gegenstand dagegen gar nicht mehr beschafft werden, weil es sich bei dem Pkw um ein Unikat handelte, das jetzt völlig zerstört ist, fällt das Vermächtnis ersatzlos weg. Der Vermächtnisnehmer erhält dann nichts.

## Gemeinschaftliches Vermächtnis

Sie können auch ein und denselben Gegenstand mehreren Personen vermachen. Der vermachte Gegenstand gehört dann allen Vermächtnisnehmern zusammen.

## Zweckvermächtnis

Sie können einen Zweck dafür festlegen, wofür das Vermächtnis sein soll. Dabei können Sie einem anderen die Entscheidung über den konkreten Gegenstand, die Zeit und die Bedingungen für die Übergabe des Vermächtnisses übertragen. Dabei sollten Sie den Zweck möglichst konkret beschreiben, damit es darüber keinen Streit gibt. Eine allgemeine Floskel wie „um ihm eine Freude zu machen" reicht nicht. Wer das Vermächtnis erhalten soll, müssen Sie selbst bestimmen. Das können Sie niemand anderem überlassen.

Sie können z. B. als Zweck einen Geldbetrag für einen Urlaub oder die Finanzierung des Studiums festlegen.

## Schuldbefreiungsvermächtnis

Hier wird der Beschwerte verpflichtet, den Vermächtnisnehmer von einer Schuld, die der Erblasser gegen ihn hatte, zu befreien.

**Beispiele:**

- Ein Darlehen muss nicht zurückbezahlt werden.
- Eine offene Rechnung muss nicht bezahlt werden.
- Ein ausgeliehenes Auto muss nicht zurückgegeben werden.

## Voraus

Der Voraus ist ein Sonderrecht des überlebenden Ehegatten. Nach der Scheidung erhält man also keinen Voraus mehr. Der Voraus ist auf die gemeinsamen Haushaltsgegenstände der Ehegatten gerichtet. Er soll dem überlebenden Ehegatten ermöglichen, den Haushalt wie bisher weiterzuführen. Mehr zum Voraus erfahren Sie in Kapitel 1 „Die gesetzliche Erbfolge". Wie Sie den Voraus erhalten, lesen Sie auf der nächsten Seite.

### Dreißigster

Den Dreißigsten erhalten Familienangehörige, die zum Zeitpunkt des Erbfalls im Haushalt des Erblassers wohnten und von ihm Unterhalt bezogen.

Familienangehörige in diesem Sinn können auch Pflegekinder sein. Ob auch nichteheliche Lebensgefährten dazugehören, ist unsicher. Dies wird von einigen Gerichten angenommen und von anderen Gerichten abgelehnt.

Ob der Unterhalt freiwillig oder aufgrund eines rechtlichen Anspruchs geleistet wurde, ist gleichgültig. Zum Unterhalt gehört auch der sogenannte „Naturalunterhalt", also „Kost und Logis".

Die Höhe des Dreißigsten ist gleich dem vor dem Tod gewährten Unterhalt. Die Einzelheiten dazu finden Sie in Kapitel 1 „Die gesetzliche Erbfolge".

## Vorausvermächtnis

Das Vorausvermächtnis ist ein Vermächtnis, das dem Erben selbst zugewandt wird. Zweck des Vorausvermächtnisses ist es, dem Erben einen Gegenstand zukommen zu lassen, ohne dass dieser auf seinen Erbteil angerechnet wird. Die Erbquoten werden also ohne den vorab vermachten Gegenstand errechnet. Der Erbe erhält das Vorausvermächtnis auch, wenn er die Erbschaft ausschlägt.

**Achtung:** Stellen Sie in Ihrem Testament eindeutig klar, dass Sie ein Vorausvermächtnis wünschen. Andernfalls wird Ihre Anordnung als sogenannte Teilungsanordnung verstanden. Dies hat die Folge, dass der Erbe zwar den Gegenstand erhält, aber dieser auf seinen Erbteil angerechnet wird.

## Nachvermächtnis

Wie bei der Vor- und Nacherbschaft können Sie auch bestimmen, dass das Vermächtnis zu einem bestimmten Zeitpunkt auf einen Nachvermächtnisnehmer übergehen soll.

## Bestimmung durch Dritte

Sie können auch mehrere Personen oder einen bestimmten Personenkreis als Vermächtnisnehmer einsetzen. Dabei können Sie anordnen, dass der Beschwerte oder ein anderer Dritter aus diesem Personenkreis denjenigen bestimmt, der das Vermächtnis erhalten soll. Ohne Ihre Bestimmung ist der Beschwerte berechtigt, den Vermächtnisnehmer zu bestimmen.

Der Personenkreis muss bestimmbar sein. Daher sollten Sie die Personen möglichst genau bezeichnen. Ausreichend ist auch die Bestimmung der Mitglieder eines bestimmten Vereins oder die Mitarbeiter Ihrer Firma.

Sie können und sollten anordnen, nach welchen Kriterien der Vermächtnisnehmer ausgesucht werden soll.

*Muster für ein drittbestimmtes Vermächtnis*

Mein letzter Wille

Ich, Marlene Reich, geboren am ..., setze meinen Mann Martin, geboren am ..., derzeit wohnhaft in ..., zum Alleinerben meines ganzen Vermögens ein.

Als Vermächtnis erhält einer meiner beiden Söhne meine Firma XY. Wer von den beiden die Firma erhalten soll, entscheidet der

Geschäftsführer der Firma, Ludwig Treu, danach, wer für die Weiterführung der Firma besser geeignet ist.

Das Vermächtnis wird nicht auf den Erbteil angerechnet.

München, den 18. Januar 2012 Marlene Reich

## Frist bei aufgeschobenem Vermächtnis

Haben Sie das Vermächtnis mit einer aufschiebenden Bedingung versehen oder eine Nacherbschaft angeordnet, muss die Bedingung bzw. der angeordnete Zeitpunkt innerhalb von 30 Jahren nach Ihrem Tod eintreten – sonst wird das Vermächtnis unwirksam.

Das Vermächtnis ist auch nach der 30-Jahres-Frist wirksam, wenn

- das Vermächtnis von einem Ereignis abhängt, das in der Person des Bedachten oder des Beschwerten liegt. Derjenige muss im Zeitpunkt des Erbfalls schon geboren sein und noch leben.
- das Vermächtnis für den Fall angeordnet ist, dass dem Erben oder Vermächtnisnehmer ein Geschwister geboren wird und dieses nun Vermächtnisnehmer werden soll.

## Wie erhält der Vermächtnisnehmer sein Vermächtnis?

Der Vermächtnisnehmer muss sich an den Beschwerten wenden und von diesem die Erfüllung der Vermächtnisanordnung verlangen. Weigert sich der Beschwerte, bleibt dem Vermächtnisnehmer nur der Gang zum Gericht.

# Wichtige Gesetzestexte aus dem BGB

**§ 2147 Beschwerter**

Mit einem Vermächtnis kann der Erbe oder ein Vermächtnisnehmer beschwert werden. Soweit nicht der Erblasser ein anderes bestimmt hat, ist der Erbe beschwert.

**§ 2150 Vorausvermächtnis**

Das einem Erben zugewendete Vermächtnis (Vorausvermächtnis) gilt als Vermächtnis auch insoweit, als der Erbe selbst beschwert ist.

**§ 2154 Wahlvermächtnis**

(1) Der Erblasser kann ein Vermächtnis in der Art anordnen, dass der Bedachte von mehreren Gegenständen nur den einen oder den anderen erhalten soll. Ist in einem solchen Falle die Wahl einem Dritten übertragen, so erfolgt sie durch Erklärung gegenüber dem Beschwerten.

(2) Kann der Dritte die Wahl nicht treffen, so geht das Wahlrecht auf den Beschwerten über. Die Vorschrift des § 2151 Abs. 3 Satz 2 findet entsprechende Anwendung.

**§ 2156 Zweckvermächtnis**

Der Erblasser kann bei der Anordnung eines Vermächtnisses, dessen Zweck er bestimmt hat, die Bestimmung der Leistung dem billigen Ermessen des Beschwerten oder eines Dritten überlassen. Auf ein solches Vermächtnis finden die Vorschriften der §§ 315 bis 319 entsprechende Anwendung.

**§ 2158 Anwachsung**

(1) Ist mehreren derselbe Gegenstand vermacht, so wächst, wenn einer von ihnen vor oder nach dem Erbfall wegfällt, dessen Anteil den übrigen Bedachten nach dem Verhältnis ihrer Anteile an. Dies gilt auch dann, wenn der Erblasser die Anteile der Bedachten bestimmt hat. Sind einige der Bedachten zu demselben Anteil berufen, so tritt die Anwachsung zunächst unter ihnen ein.

(2) Der Erblasser kann die Anwachsung ausschließen.

### § 2160 Vorversterben des Bedachten

Ein Vermächtnis ist unwirksam, wenn der Bedachte zur Zeit des Erbfalls nicht mehr lebt.

### § 2162 Dreißigjährige Frist für aufgeschobenes Vermächtnis

(1) Ein Vermächtnis, das unter einer aufschiebenden Bedingung oder unter Bestimmung eines Anfangstermins angeordnet ist, wird mit dem Ablauf von 30 Jahren nach dem Erbfall unwirksam, wenn nicht vorher die Bedingung oder der Termin eingetreten ist.

(2) Ist der Bedachte zur Zeit des Erbfalls noch nicht gezeugt oder wird seine Persönlichkeit durch ein erst nach dem Erbfall eintretendes Ereignis bestimmt, so wird das Vermächtnis mit dem Ablauf von 30 Jahren nach dem Erbfall unwirksam, wenn nicht vorher der Bedachte gezeugt oder das Ereignis eingetreten ist, durch das seine Persönlichkeit bestimmt wird.

### § 2163 Ausnahmen von der dreißigjährigen Frist

(1) Das Vermächtnis bleibt in den Fällen des § 2162 auch nach dem Ablauf von 30 Jahren wirksam:

1. wenn es für den Fall angeordnet ist, dass in der Person des Beschwerten oder des Bedachten ein bestimmtes Ereignis eintritt, und derjenige, in dessen Person das Ereignis eintreten soll, zur Zeit des Erbfalls lebt,
2. wenn ein Erbe, ein Nacherbe oder ein Vermächtnisnehmer für den Fall, dass ihm ein Bruder oder eine Schwester geboren wird, mit einem Vermächtnis zugunsten des Bruders oder der Schwester beschwert ist.

(2) Ist der Beschwerte oder der Bedachte, in dessen Person das Ereignis eintreten soll, eine juristische Person, so bewendet es bei der dreißigjährigen Frist.

### § 2174 Vermächtnisanspruch

Durch das Vermächtnis wird für den Bedachten das Recht begründet, von dem Beschwerten die Leistung des vermachten Gegenstands zu fordern.

### § 2180 Annahme und Ausschlagung

(1) Der Vermächtnisnehmer kann das Vermächtnis nicht mehr ausschlagen, wenn er es angenommen hat.

(2) Die Annahme sowie die Ausschlagung des Vermächtnisses erfolgt durch Erklärung gegenüber dem Beschwerten. Die Erklärung kann erst nach dem Eintritt des Erbfalls abgegeben werden; sie ist unwirksam, wenn sie unter einer Bedingung oder einer Zeitbestimmung abgegeben wird.

(3) Die für die Annahme und die Ausschlagung einer Erbschaft geltenden Vorschriften des § 1950, des § 1952 Abs. 1, 3 und des § 1953 Abs. 1, 2 finden entsprechende Anwendung.

### § 2190 Ersatzvermächtnisnehmer

Hat der Erblasser für den Fall, dass der zunächst Bedachte das Vermächtnis nicht erwirbt, den Gegenstand des Vermächtnisses einem anderen zugewendet, so finden die für die Einsetzung eines Ersatzerben geltenden Vorschriften der §§ 2097 bis 2099 entsprechende Anwendung.

### § 2191 Nachvermächtnisnehmer

(1) Hat der Erblasser den vermachten Gegenstand von einem nach dem Anfall des Vermächtnisses eintretenden bestimmten Zeitpunkt oder Ereignis an einem Dritten zugewendet, so gilt der erste Vermächtnisnehmer als beschwert.

(2) Auf das Vermächtnis finden die für die Einsetzung eines Nacherben geltenden Vorschriften des § 2102, des § 2106 Abs. 1, des § 2107 und des § 2110 Abs. 1 entsprechende Anwendung.

# Testamentsaufbewahrung und -änderung

8

# Wie wird das Testament aufbewahrt?

Es gibt keine vorgeschriebene Form der Aufbewahrung. Sie können Ihr Testament also beliebig aufbewahren.

**Praxis-Tipp:**

Sie sollten dafür sorgen, dass Ihr Testament im Falle Ihres Todes gefunden und beim Nachlassgericht vorgelegt wird. Beachten Sie auch, dass Ihr Testament leicht von einem benachteiligten Erben vernichtet oder zurückbehalten werden kann.

## Besondere amtliche Verwahrung

Die besondere amtliche Verwahrung soll sicherstellen, dass das Testament gefunden wird. Zudem soll sie vor Fälschung schützen und davor, dass jemand das Testament vernichtet oder zurückbehält.

Sie können Ihr Testament bei jedem Amtsgericht zur Verwahrung geben. Am besten wählen Sie aber das Amtsgericht in Ihrer Nähe. Sie können das Testament selbst oder durch einen Boten hinterlegen. Das Amtsgericht stellt Ihnen einen Hinterlegungsschein aus.

Den Hinterlegungsschein sollten Sie sorgfältig aufheben. Aber selbst wenn der Hinterlegungsschein im Erbfall nicht gefunden wird, wird Ihr Testament im Erbfall berücksichtigt. Das Amtsgericht informiert nämlich das Standesamt Ihres Geburtsortes von der Hinterlegung. Bei Ihrem Tode informiert dann das Standesamt das Amtsgericht. So kann das Amtsgericht dafür sorgen, dass Ihr Testament bekannt wird.

Für die Hinterlegung entstehen Kosten nach der Kostenordnung (KostO). Die Höhe bestimmt sich nach dem Wert des Nachlasses. Bei einem Nachlasswert von beispielsweise 100 000 Euro kostet die Hinterlegung einmalig 51,75 Euro.

## Eintragung im Zentralen Testamentsregister

Ab 1.1.2012 ist es möglich, Testamente in das Zentrale Testamentsregister der Bundesnotarkammer eintragen zu lassen. Damit soll gewährleistet werden, dass das Nachlassgericht im Sterbefall schnell und richtig entscheiden kann.

Folgende Angaben werden verwahrt:

- Daten des Erblassers (vollständiger Name, Geschlecht, Geburtstag und -ort, Geburtsstandesamt sowie Geburtenbuch- und -registernummer)
- Bezeichnung und Anschrift der Verwahrstelle
- Art und Datum des erbfolgerelevanten Vorgangs
- Verwahrkennzeichen (Verwahrnummer, Verwahrbuchnummer, Urkundenrollennummer oder Aktenzeichen des Verfahrens)
- bei notariellen Urkunden Name und Amtssitz des Notars

**Praxis-Tipp:**

Nähere Informationen zur Registrierung im Zentralen Testamentsregister erhalten Sie bei einem Notar, dem Amtsgericht oder über die offizielle Homepage: www.testamentsregister.de

# Wie kann das Testament geändert werden?

Sie können Ihr eigenhändiges Testament jederzeit ändern, ergänzen oder widerrufen. Sie müssen nur testierfähig sein. Machen Sie davon auch Gebrauch. Die Umstände, aufgrund derer Sie Ihr Testament errichtet haben, können sich im Laufe der Zeit erheblich ändern. Vielleicht hatten Sie Ihren lieben Enkel besonders bedacht und jetzt stellt sich heraus, dass er sich zunehmend zu einem faulen Tunichtgut entwickelt.

**Achtung:** Auch das Ehegattentestament ist ein eigenhändiges Testament. Sinn des Ehegattentestaments ist aber meist, eine gewisse Verbindlichkeit gegenüber dem Ehegatten einzugehen. Darum können Sie ein Ehegattentestament nur in Teilen alleine ändern.

Lesen Sie dazu das Kapitel 9 „Das Ehegattentestament" oder lassen Sie sich von einem Rechtsanwalt beraten.

## Widerruf

Wenn Sie Ihr Testament widerrufen, wird es ungültig. Wenn Sie keine andere testamentarische Regelung treffen, gilt wieder die gesetzliche Erbfolge.

### *Widerruf durch Vernichten*

Am leichtesten widerrufen Sie Ihr Testament, indem Sie es vernichten. Sie können es z. B. mehrfach zerreißen.

Haben Sie Ihr Testament aus Versehen vernichtet oder wollen Sie später doch wieder, dass das alte Testament gilt, dann reicht es nicht aus, wenn Sie es zusammenkleben. Sie müssen ein neues Testament schreiben.

*Widerruf durch Veränderung*

Sie könnten Ihr Testament durch Veränderung widerrufen. Die Veränderung muss aber erkennen lassen, dass Sie das Testament widerrufen wollen. In der Regel ist dabei der Streit vorprogrammiert. Insbesondere bei Streichungen ist nicht klar erkennbar, durch wen diese erfolgten. Es ist daher von dieser Form des Widerrufs abzuraten.

*Widerruf durch neues Testament*

Wollen Sie Ihr altes Testament nicht vernichten oder nur teilweise widerrufen, müssen Sie ein neues Testament schreiben. Achten Sie darauf, eindeutig zu erklären, ob und inwieweit Sie das alte Testament widerrufen wollen. Das Widerrufstestament ist in der gleichen Form wie das „normale" Testament zu errichten.

Wenn Sie das alte Testament komplett widerrufen wollen, vernichten Sie am besten das alte Testament. Dann kann keine Unklarheit darüber entstehen, ob das alte Testament vielleicht doch noch (zum Teil) gelten soll.

*Widerruf des Widerrufs*

Sie können ein Widerrufstestament genauso widerrufen, wie ein „normales" Testament. Nur der Widerruf durch Vernichtung kann nicht widerrufen werden.

## Änderungen

Das Testament ändern heißt, es neu zu gestalten oder das bisherige Testament zu ergänzen.

Sie können das Testament dadurch ergänzen, indem Sie in das bisherige Testament Vermerke machen. Diese müssen von Ihnen handschriftlich erfolgen. Am besten unterschreiben Sie die Vermerke – einzeln, falls es davon mehrere gibt – mit Angabe von Ort und Datum der Änderung.

Besser schreiben Sie aber ein neues Testament. Diese Situation ist am klarsten und am sichersten. Wenn Sie ein neues Testament verfassen, gilt das alte Testament als widerrufen, soweit es dem neuen Testament widerspricht. Deshalb ist es am eindeutigsten, wenn Sie das alte Testament durch Vernichtung komplett widerrufen und alle gewünschten Anordnungen im neuen Testament aufnehmen.

# Wichtige Gesetzestexte aus dem BGB

### § 2248 Verwahrung des eigenhändigen Testaments

Ein nach § 2247 errichtetes Testament ist auf Verlangen des Erblassers in besondere amtliche Verwahrung zu nehmen.

*Hinweis*: Die folgenden Gesetzestexte regeln das „einfache Testament".

### § 2253 Widerruf eines Testaments

Der Erblasser kann ein Testament sowie eine einzelne in einem Testament enthaltene Verfügung jederzeit widerrufen.

### § 2254 Widerruf durch Testament

Der Widerruf erfolgt durch Testament.

### § 2255 Widerruf durch Vernichtung oder Veränderungen

Ein Testament kann auch dadurch widerrufen werden, dass der Erblasser in der Absicht, es aufzuheben, die Testamentsurkunde vernichtet oder an ihr Veränderungen vornimmt, durch die der Wille, eine schriftliche Willenserklärung aufzuheben, ausgedrückt zu werden pflegt. Hat der Erblasser die Testamentsurkunde vernichtet oder in der bezeichneten Weise verändert, so wird vermutet, dass er die Aufhebung des Testaments beabsichtigt habe.

### § 2256 Widerruf durch Rücknahme des Testaments aus der amtlichen Verwahrung

(1) Ein vor einem Notar oder nach § 2249 errichtetes Testament gilt als widerrufen, wenn die in amtliche Verwahrung genommene Urkunde dem Erblasser zurückgegeben wird. Die zurückgebende Stelle soll den Erblasser über die in Satz 1 vorgesehene Folge der Rückgabe belehren, dies auf der Urkunde vermerken und aktenkundig machen, dass beides geschehen ist.

(2) Der Erblasser kann die Rückgabe jederzeit verlangen. Das Testament darf nur an den Erblasser persönlich zurückgegeben werden.

(3) Die Vorschriften des Absatzes 2 gelten auch für ein nach § 2248 hinterlegtes Testament; die Rückgabe ist auf die Wirksamkeit des Testaments ohne Einfluss.

### § 2257 Widerruf des Widerrufs

Wird der durch Testament erfolgte Widerruf einer letztwilligen Verfügung widerrufen, so ist im Zweifel die Verfügung wirksam, wie wenn sie nicht widerrufen worden wäre.

### § 2258 Widerruf durch ein späteres Testament

(1) Durch die Errichtung eines Testaments wird ein früheres Testament insoweit aufgehoben, als das spätere Testament mit dem früheren in Widerspruch steht.

(2) Wird das spätere Testament widerrufen, so ist im Zweifel das frühere Testament in gleicher Weise wirksam, wie wenn es nicht aufgehoben worden wäre.

## Testamentsaufbewahrung und -änderung

*Hinweis*: Die folgenden Gesetzestexte regeln das Ehegattentestament.

### § 2270 Wechselbezügliche Verfügungen

(1) Haben die Ehegatten in einem gemeinschaftlichen Testament Verfügungen getroffen, von denen anzunehmen ist, dass die Verfügung des einen nicht ohne die Verfügung des anderen getroffen sein würde, so hat die Nichtigkeit oder der Widerruf der einen Verfügung die Unwirksamkeit der anderen zur Folge.

(2) Ein solches Verhältnis der Verfügungen zueinander ist im Zweifel anzunehmen, wenn sich die Ehegatten gegenseitig bedenken oder wenn dem einen Ehegatten von dem anderen eine Zuwendung gemacht und für den Fall des Überlebens des Bedachten eine Verfügung zugunsten einer Person getroffen wird, die mit dem anderen Ehegatten verwandt ist oder ihm sonst nahe steht.

(3) Auf andere Verfügungen als Erbeinsetzungen, Vermächtnisse oder Auflagen findet die Vorschrift des Absatzes 1 keine Anwendung.

### § 2271 Widerruf wechselbezüglicher Verfügungen

(1) Der Widerruf einer Verfügung, die mit einer Verfügung des anderen Ehegatten in dem im § 2270 bezeichneten Verhältnis steht, erfolgt bei Lebzeiten der Ehegatten nach der für den Rücktritt von einem Erbvertrag geltenden Vorschrift des § 2296. Durch eine neue Verfügung von Todes wegen kann ein Ehegatte bei Lebzeiten des anderen seine Verfügung nicht einseitig aufheben.

(2) Das Recht zum Widerruf erlischt mit dem Tode des anderen Ehegatten; der Überlebende kann jedoch seine Verfügung aufheben, wenn er das ihm Zugewendete ausschlägt. Auch nach der Annahme der Zuwendung ist der Überlebende zur Aufhebung nach Maßgabe des § 2294 und des § 2336 berechtigt.

(3) Ist ein pflichtteilsberechtigter Abkömmling der Ehegatten oder einer der Ehegatten bedacht, so findet die Vorschrift des § 2289 Abs. 2 entsprechende Anwendung.

### § 2296 Vertretung, Form des Rücktritts

(1) Der Rücktritt kann nicht durch einen Vertreter erfolgen. Ist der Erblasser in der Geschäftsfähigkeit beschränkt, so bedarf er nicht der Zustimmung seines gesetzlichen Vertreters.

(2) Der Rücktritt erfolgt durch Erklärung gegenüber dem anderen Vertragschließenden. Die Erklärung bedarf der notariellen Beurkundung.

# Das Ehegattentestament

9

# Besondere Form des Ehegattentestaments

Für Ehegatten gibt es eine besondere Art des Testaments – das Ehegattentestament oder auch gemeinschaftliches Testament genannt. In diesem Kapitel erfahren Sie zuerst die besonderen Formerfordernisse für das Ehegattentestament, sodann dessen besondere Wirkung und schließlich inhaltliche Gestaltungsmöglichkeiten.

Das Ehegattentestament wird in gleicher Form wie das eigenhändige Testament errichtet. Als Besonderheit dürfen die Ehegatten auch auf nur einer Urkunde testieren. Das sieht in der Praxis so aus: Ein Ehegatte errichtet ein Testament entsprechend dem eigenhändigen Testament. Der andere Ehegatte vermerkt handschriftlich mit Datum, Ort und Unterschrift, dass dieses Testament auch sein letzter Wille ist.

Nichtehegatten müssten dagegen zwei eigenständige und jeweils vollständige Testamente schreiben.

# Ein gemeinschaftliches Testament – nur für Ehegatten

## Zeitpunkt der Errichtung

An dem Tag, an dem das Ehegattentestament geschrieben und unterschrieben wird, muss die Ehe rechtsgültig bestehen. Es muss dem Ehegattentestament aber kein Beweis für die bestehende Ehe beigefügt werden.

Es reicht nicht aus, wenn beide Erblasser miteinander verlobt sind. Ein gemeinschaftliches Testament zwischen Verlobten ist unwirksam. Auch durch eine spätere Heirat wird das Ehegattentestament nicht wirksam. In einem solchen Fall hilft nur, ein neues Testament zu errichten.

## Zeitpunkt des Erbfalls

Die Ehe muss bis zum Zeitpunkt des Erbfalls fortbestehen. Wurde die Ehe bereits geschieden oder hat der Erblasser die Scheidung beantragt oder ihr zugestimmt, ist das Testament in der Regel vollständig unwirksam. Es ist also nicht nur die Einsetzung des ehemaligen Ehegatten als Erben unwirksam, sondern z. B. auch die Erbeinsetzung der Kinder.

Ausnahmsweise bleiben einzelne Verfügungen wirksam, wenn anzunehmen ist, dass diese auch bei Kenntnis von der späteren Scheidung getroffen worden wären. Ob dem so ist, entscheidet sich nach dem Willen des Erblassers zur Zeit der Testamentserrichtung. Der Wille sollte also auf dem Testament festgehalten werden. Spätere Äußerungen des Erblassers alleine reichen dafür nicht aus. Sie können aber ein Zeichen für den Aufrechterhaltungswillen sein.

**Praxis-Tipp:**

Wollen Sie ein Ehegattentestament errichten, das auch nach einer Scheidung gelten soll, schreiben Sie dies ausdrücklich in das Testament. Im Zweifel ist es an dem überlebenden Ehegatten zu beweisen, dass der Wille zur Aufrechterhaltung bestand.

Wenn die wechselbezüglichen Verfügungen mit der Scheidung bzw. deren Antrag unwirksam werden sollen, sollten Sie dies ausdrücklich regeln. Zweckmäßig ist es hier, dass es ausreicht, wenn einer der beiden Ehegatten die Scheidung beantragt.

*Muster für eine Anordnung der Unwirksamkeit bei Scheidung*

Unser letzter Wille

Wir, Marlene Reich, geboren am …, und Martin Reich, geboren am …, setzen …

Für den Fall, dass unsere Ehe vor dem Tod eines von uns beiden aufgelöst wird, sollen die in diesen Testament getroffenen Verfügungen insgesamt unwirksam sein. Der Eheauflösung steht die Klage auf Aufhebung der Ehe sowie der Scheidungsantrag gleich. Dabei ist es gleichgültig, wer von uns beiden die Klage erhoben bzw. die Scheidung beantragt hat.

München, den 18. Januar 2012
Marlene Reich

München, den 18. Januar 2012
Martin Reich

*Muster für eine Anordnung des Fortbestands der Verfügungen trotz Scheidung:*

Unser letzter Wille

Wir, Marlene Reich, geboren am …, und Martin Reich, geboren am …, setzen …

Diese Verfügungen, ausdrücklich auch die wechselbezüglichen Verfügungen, gelten auch im Fall unserer Scheidung bzw., wenn einer von uns die Scheidung beantragt und der andere der Scheidung zugestimmt hat.

München, den 18. Januar 2012
Marlene Reich

München, den 18. Januar 2012
Martin Reich

*Wiederheirat*

Auch wenn die Ehegatten rechtsgültig geschieden wurden und sie wieder geheiratet haben, bleibt das Ehegattentestament im Zweifel unwirksam.

# Die Bindungswirkung

Sinn und Zweck des Ehegattentestaments ist es, dass bestimmte testamentarische Verfügungen abhängig von den Verfügungen des anderen Ehegatten sein sollen. Das Gesetz spricht von „wechselbezüglichen Verfügungen". Ob es sich wirklich um wechselbezügliche Verfügungen handelt, richtet sich danach, ob diese nur in Hinblick auf eine Verfügung des anderen Ehegatten vorgenommen wurden. Ob also diese Verfügung mit der Verfügung des anderen Ehegatten stehen und fallen soll, ist entscheidend.

In einem Ehegattentestament sind neben wechselbezüglichen Verfügungen auch andere Verfügungen zulässig.

Wechselbezügliche Verfügungen können nur sein:

- Erbeneinsetzung
- Vermächtnis
- Auflage

**Praxis-Tipp:**

Beachten Sie, dass immer nur einzelne Verfügungen wechselbezüglich sein können. Das ganze Testament ist dagegen nicht wechselbezüglich. Dies müssen Sie bei der Formulierung des Testaments unbedingt beachten.

## Bindung vor dem Erbfall

Vor dem Tod des anderen Ehegatten besteht eine nur beschränkte Bindungswirkung. Diese trägt nur dem Vertrauen in das Bestehen der Verfügung des anderen Ehegatten Rechnung.

Die wechselbezüglichen Verfügungen können vor dem Tod des anderen Ehegatten jederzeit widerrufen werden. Damit der andere

Ehegatte sich auf die neue Situation einstellen kann, muss der Widerruf jedoch

- notariell beurkundet sein und
- dem anderen Ehegatten vor seinem Tod zugesandt oder übergeben werden.

Das Widerrufsrecht erlischt mit dem Tod des anderen Ehegatten.

## Bindung nach dem Erbfall

Nach dem Tod des anderen Ehegatten besteht eine weitergehende Bindungswirkung. Der Grund liegt darin, dass der Verstorbene bis zum Schluss auf die Gültigkeit der wechselbezüglichen Verfügung vertraut hat. Zudem soll es dem überlebenden Ehegatten nicht möglich sein, sich von der wechselbezüglichen Verfügung zu lösen, nachdem er dessen Vorteile schon in Anspruch genommen hat.

Der überlebende Ehegatte kann sich nur von der Bindungswirkung lösen, wenn er die Erbschaft ausschlägt. Dann erhält er auch nicht die Vorteile der wechselbezüglichen Verfügung.

Sie können die Bindungswirkung verstärken, indem Sie im Testament gegenseitig auf das Recht der Anfechtung des Testaments verzichten. Die Selbstanfechtung des Testaments durch den überlebenden Ehegatten ist nämlich zulässig und führt zur Unwirksamkeit des Testaments. Ohne Testament gibt es freilich auch keine Bindungswirkung.

## Abänderungsklausel

Die Ehegatten können auch gemeinsam die Bindungswirkung beschränken oder ausschließen. Eine solche Verfügung muss testamentarisch angeordnet sein. Zweckmäßigerweise verfügen Sie dies im Ehegattentestament. Es ist auch zulässig, wenn ein Ehegatte den anderen Ehegatten durch einseitiges Testament von dessen Bindung befreit.

*Muster für eine umfassende Abänderungsklausel*

Unser letzter Wille

Wir, Marlene Reich, geboren am …, und Martin Reich, geboren am …, setzen …

Der Überlebende von uns ist auch nach dem Tod des Erstversterbenden berechtigt, die wechselbezüglichen Verfügungen zu ändern oder aufzuheben.

München, den 18. Januar 2012
Marlene Reich

München, den 18. Januar 2012
Martin Reich

Es kann auch geregelt werden, dass nur der eine Ehegatte von der Bindung befreit werden soll, der andere hingegen nicht. Eine solche Regelung bietet sich an, wenn die Vermögen der Ehegatten extrem unterschiedlich sind. Für den vermögenden Ehegatten wäre es nachvollziehbar wichtig, dass sein letzter Wille auch dann zur Geltung kommt, wenn er zuerst verstirbt. Der vermögenslose Ehegatte hat zunächst sowieso nichts zu vererben, sodass er auch weniger Interesse an der Bindungswirkung bezüglich seiner Verfügung hat.

*Muster für eine einseitige Abänderungsklausel*

Unser letzter Wille

Wir, Marlene Reich, geboren am …, und Martin Reich, geboren am …, setzen …

Für den Fall, dass Marlene Martin überlebt, kann sie auch nach dessen Tod die hier getroffenen Verfügungen, einschließlich die wechselseitigen Verfügungen, nach ihrem Belieben ändern.

München, den 18. Januar 2012
Marlene Reich

München, den 18. Januar 2012
Martin Reich

Eine andere Möglichkeit besteht noch darin, die Bindung auf das Vermögen beim Erbfall zu beschränken. Über später erworbenes Vermögen soll der überlebende Ehegatte frei verfügen können.

*Muster für eine beschränkte Befreiung von der Bindungswirkung*

Unser letzter Wille

Wir, Marlene Reich, geboren am …, und Martin Reich, geboren am …, setzen …

Die Bindung an die wechselbezüglichen Verfügungen wird ausdrücklich auf dasjenige Vermögen beschränkt, das zum Zeitpunkt des ersten Erbfalls besteht. Der Überlebende von uns kann frei über sein nach dem Erbfall hinzugewonnenes Vermögen testamentarisch verfügen. Zur besseren Übersicht und um die Erbengemeinschaft nicht zu groß werden zu lassen, kann er über sein neues Vermögen aber nur im Wege des Vermächtnisses verfügen.

München, den 18. Januar 2012
Marlene Reich

München, den 18. Januar 2012
Martin Reich

## Das Berliner Testament

Berliner Testament wird das Ehegattentestament mit der sogenannten Einheitslösung genannt. Das bedeutet, dass der überlebende Ehegatte die Erbschaft als Vollerbe erhält. Sein bisheriges Vermögen wird mit dem ererbten Vermögen zu einem neuen Vermögen (daher Einheitslösung).

Das Gesetz geht davon aus, dass dies dem typischen Willen der Ehegatten entspricht. Das gemeinsam aufgebaute Vermögen soll zunächst dem überlebenden Ehegatten und dessen Alterssicherung dienen. Die Schlusserben (meistens die Kinder) sollen nur erben, was nach dem Tod des länger lebenden Ehegatten als Vermögen übrig bleibt. Zur Klarstellung sollten Sie die Voll- und Schlusserbefolge aber ausdrücklich im Testament festlegen.

*Muster für ein Berliner Testament*

Unser letzter Wille

Wir, Marlene Reich, geboren am ..., und Martin Reich, geboren am ..., beide derzeit wohnhaft in ..., setzen uns gegenseitig als alleinige Vollerben unseres gesamten Vermögens ein.

Schlusserben des länger Lebenden von uns werden unsere Kinder David, geboren am ..., derzeit wohnhaft in ..., und Daniel, geboren am ..., derzeit wohnhaft in ..., zu gleichen Teilen.

München, den 18. Januar 2012
Marlene Reich

München, den 18. Januar 2012
Martin Reich

## Ehegattentestament mit Trennungslösung

Weniger üblich, aber genauso möglich ist ein Ehegattentestament mit Vor- und Nacherbschaft. Dabei bleibt das Eigenvermögen des überlebenden Ehegatten vom geerbten Vermögen getrennt (daher Trennungslösung). Eine solche Regelung ist z. B. dann sinnvoll, wenn die Erbmasse für den Nacherben erhalten werden soll.

**Wichtig:** Sie sollten genau anordnen, ob der überlebende Ehegatte befreiter oder nicht befreiter Vorerbe werden soll.

*Muster für ein Ehegattentestament mit Trennungslösung*

Unser letzter Wille

Wir, Marlene Reich, geboren am ..., und Martin Reich, geboren am ..., beide derzeit wohnhaft in ..., setzen uns gegenseitig als alleinige Vorerben unseres gesamten Vermögens ein. Der überlebende Ehegatte ist von allen gesetzlichen Beschränkungen befreit, soweit dies möglich und zulässig ist.

Nacherben werden unsere Kinder David, geboren am ..., derzeit wohnhaft in ..., und Daniel, geboren am ..., derzeit wohnhaft in ..., zu gleichen Teilen. Die Nacherbschaft tritt mit dem Tod des länger lebenden Ehegatten ein. Die Nacherben werden gleichzeitig Vollerben.

München, den 18. Januar 2012
Marlene Reich

München, den 18. Januar 2012
Martin Reich

**Praxis-Tipp:**

Das Ehegattentestament mit Trennungslösung ist steuerrechtlich ungünstig. Die Erbschaftsteuer fällt nämlich sowohl beim Anfall der Vorerbschaft als auch beim Anfall der Nacherbschaft an.

Die Trennungslösung ist auch dem Familienfrieden oftmals abträglich. Wegen den Verfügungsbeschränkungen des Vorerbens kann es leicht zu Streitigkeiten mit dem Nacherben kommen. Prüfen Sie deshalb genau, ob Sie wirklich die Trennungslösung wählen wollen.

# Wiederverheiratungsklausel

Beim Ehegattentestament dient die Wiederverheiratungsklausel regelmäßig dem Schutz der Schluss- bzw. Nacherben. Dessen Erbschaft soll nicht dadurch verringert werden, dass weitere pflichtteilsberechtigte Ehegatten hinzukommen. Eine sinnvolle Regelung ist es, dem überlebenden Ehegatten ein Vermächtnis für den Fall einer erneuten Heirat aufzubürden. Als Vermächtnisnehmer werden die Nach- bzw. Schlusserben eingesetzt. Die Höhe des Vermächtnisses kann z. B. nach dem Betrag bestimmt werden, der dem Nachlasswert abzüglich des Pflichtteils bzw. des gesetzlichen Erbteils des Ehegatten entspricht. Es ist anzuordnen, wann das Vermächtnis fällig sein soll.

**Achtung:** In der Wiederverheiratungsklausel soll u. a. geregelt werden, ob die Bindung der wechselbezüglichen Verfügungen auch im Fall der Wiederverheiratung gelten soll. Ist dies nicht geregelt, gilt im Zweifel keine Bindungswirkung.

# Pflichtteilsklausel

Durch die Pflichtteilsklausel soll verhindert werden, dass ein Pflichtteilsberechtigter seinen Pflichtteil vom überlebenden Ehegatten verlangt.

## Pflichtteilsklausel beim Berliner Testament

Beim Berliner Testament wird der überlebende Ehegatte alleiniger Vollerbe. Die Kinder sind damit für den ersten Erbfall enterbt. Als Enterbte können sie ihren Pflichtteil verlangen. Um dem vorzubeugen, können Sie für diesen Fall im Testament Folgendes anordnen:

- Derjenige, der seinen Pflichtteil für den ersten Erbfall verlangt, wird auch für den zweiten Erbfall enterbt.
- Der überlebende Ehegatte wird von der Bindungswirkung der wechselbezüglichen Verfügungen insoweit befreit, als die Verfügung den pflichtteilsverlangenden Abkömmling betrifft.

Für den Fall der Enterbung hinsichtlich des zweiten Erbfalls kann eine zusätzliche Strafklausel angeordnet werden.

*Muster für eine Pflichtteilsklausel mit Strafklausel*

Unser letzter Wille

Wir, Marlene Reich, geboren am ..., und Martin Reich, geboren am ..., beide derzeit wohnhaft in ..., setzen uns gegenseitig als alleinige Vollerben unseres gesamten Vermögens ein.

Schlusserben des länger Lebenden von uns werden unsere Kinder David, geboren am ..., derzeit wohnhaft in ..., und Daniel, geboren am ..., derzeit wohnhaft in ..., zu gleichen Teilen.

Für den Fall, dass für den ersten Erbfall ein Pflichtteil geltend gemacht und auch ausgezahlt wird, gilt Folgendes: Derjenige, der seinen Pflichtteil gefordert hat, wird für den zweiten Erbfall enterbt. Derjenige, der seinen Pflichtteil nicht geltend macht, erhält dafür, dass er unseren letzten Willen beachtet hat, beim zweiten Erbfall ein Vorausvermächtnis in Höhe des Pflichtteilsanspruchs aus dem ersten Erbfall.

München, den 18. Januar 2012
Marlene Reich

München, den 18. Januar 2012
Martin Reich

## Pflichtteilsklausel beim Ehegattentestament mit Trennungslösung

Bei der Trennungslösung kann ein Abkömmling nur dann seinen Pflichtteil verlangen, wenn er die Nacherbschaft ausschlägt. Sie können Ihre Abkömmlinge für den ersten Erbfall bedingt enterben, für den Fall, dass sie ihren Pflichtteil verlangen. Zudem können Sie mit gleicher Bedingung anordnen, dass dieser dann auch für den zweiten Erbfall enterbt sein soll.

**Checkliste: Ehegattentestament**

- Testierfähigkeit beider Ehegatten
- Keine entgegenstehende Bindungswirkung, z. B. durch vorheriges Ehegattentestament oder Erbvertrag
- Von einem Ehegatten eigenhändig geschrieben
- Von beiden Ehegatten unterschrieben mit Angabe von Ort und Datum
- Klare Entscheidung für die Trennungs- oder Einheitslösung
- Beide Todesfälle sind einzeln und eindeutig geregelt
- Genaue Regelung der Bindungswirkung
- Wiederverheiratungsklausel?
- Pflichtteilsklausel?

# Wichtige Gesetzestexte aus dem BGB

**§ 2265 Errichtung durch Ehegatten**

Ein gemeinschaftliches Testament kann nur von Ehegatten errichtet werden.

**§ 2267 Gemeinschaftliches eigenhändiges Testament**

Zur Errichtung eines gemeinschaftlichen Testaments nach § 2247 genügt es, wenn einer der Ehegatten das Testament in der dort vorgeschriebenen Form errichtet und der andere Ehegatte die gemeinschaftliche Erklärung eigenhändig mitunterzeichnet. Der mitunterzeichnende Ehegatte soll hierbei angeben, zu welcher Zeit (Tag, Monat und Jahr) und an welchem Orte er seine Unterschrift beigefügt hat.

**§ 2268 Wirkung der Ehenichtigkeit oder -auflösung**

(1) Ein gemeinschaftliches Testament ist in den Fällen des § 2077 seinem ganzen Inhalt nach unwirksam.

(2) Wird die Ehe vor dem Tode eines der Ehegatten aufgelöst oder liegen die Voraussetzungen des § 2077 Abs. 1 Satz 2 oder 3 vor, so bleiben die Verfügungen insoweit wirksam, als anzunehmen ist, dass sie auch für diesen Fall getroffen sein würden.

### § 2269 Gegenseitige Einsetzung

(1) Haben die Ehegatten in einem gemeinschaftlichen Testament, durch das sie sich gegenseitig als Erben einsetzen, bestimmt, dass nach dem Tode des Überlebenden der beiderseitige Nachlass an einen Dritten fallen soll, so ist im Zweifel anzunehmen, dass der Dritte für den gesamten Nachlass als Erbe des zuletzt versterbenden Ehegatten eingesetzt ist.

(2) Haben die Ehegatten in einem solchen Testament ein Vermächtnis angeordnet, das nach dem Tode des Überlebenden erfüllt werden soll, so ist im Zweifel anzunehmen, dass das Vermächtnis dem Bedachten erst mit dem Tode des Überlebenden anfallen soll.

*Hinweis*: siehe auch die §§ 2270, 2271 BGB, abgedruckt in Kapitel 8.

### § 2272 Rücknahme aus amtlicher Verwahrung

Ein gemeinschaftliches Testament kann nach § 2256 nur von beiden Ehegatten zurückgenommen werden.

*Hinweis*: siehe auch § 2296 BGB, abgedruckt in Kapitel 8.

# Rechte und Pflichten des Erben

10

# Rechte des Erben

## Gesamtrechtsnachfolge

Der Erbe wird unmittelbarer Rechtsnachfolger des Erblassers. Man nennt dies Gesamtrechtsnachfolge. Sie tritt mit dem Tod des Erblassers ein. Es bedarf dazu keines weiteren Verwaltungshandeln etwa durch ein Gericht.

## Annahme und Ausschlagung der Erbschaft

Der Erbe hat eine Überlegungsfrist von sechs Wochen. Er muss sich entscheiden, ob er die Erbschaft annehmen will oder nicht. Die Erklärung, eine Erbschaft nicht anzunehmen, nennt man Ausschlagung.

**Praxis-Tipp:**

Es sollte in Ruhe überprüft werden, ob der Nachlass überschuldet ist. Gegebenenfalls ist es klüger die Erbschaft auszuschlagen. Für diesen Schritt sollte unbedingt fachkundiger Rat eingeholt werden. Zum einen von einem Rechtsanwalt, zum anderen von jemandem, der die wirtschaftliche Situation der Erbschaft zuverlässig einschätzen kann, beispielsweise ein Wirtschaftsprüfer.

Die Ausschlagungsfrist beginnt in dem Moment, in dem der Erbe von dem Erbfall erfahren hat und weiß, dass er Erbe ist.

Die Erklärung der Annahme bzw. der Ausschlagung ist gegenüber dem Nachlassgericht abzugeben. Wer die Erbschaft ausgeschlagen hat, kann sie nicht mehr annehmen. Für die weitere Erbverteilung wird so vorgegangen, als ob der ausschlagende Erbe zum Erbfall nicht mehr gelebt hätte.

## Pflichten des Erben

Der Erbe haftet für alle Nachlassverbindlichkeiten. Dafür muss er nicht nur mit dem geerbten Vermögen einstehen, sondern auch mit seinem persönlichen Vermögen.

Der Erbe kann jedoch die Zahlung der Nachlassverbindlichkeit bis zu drei Monate nach seiner Annahme der Erbschaft verweigern. Nach drei Monaten muss der Schuldner aber in der Regel zahlen.

## Haftungsbegrenzung für Erben

Es ist in besonderen Fällen möglich, die Haftung des Erben zu begrenzen. Der Erbe muss dann die Schulden nur insoweit tilgen, als das Nachlassvermögen reicht. Sein Privatvermögen muss er dafür nicht einsetzen. Hier sollen nur die zu ergreifenden Maßnahmen aufgezeigt werden. Sollte der Erbe davon betroffen sein, sollte er sich unbedingt an einen Rechtsanwalt wenden.

- Nachlassverwaltung (§ 1975 BGB)
- Nachlassinsolvenzverfahren (§§ 315 bis 331 InsO)
- Dürftigkeitseinrede (§ 1990 BGB)
- Überschuldungseinrede (§ 1992 BGB)

## Wichtige Gesetzestexte aus dem BGB

*Hinweis*: siehe auch § 1922 BGB, abgedruckt in Kapitel 4.

**§ 1942 Anfall und Ausschlagung der Erbschaft**

(1) Die Erbschaft geht auf den berufenen Erben unbeschadet des Rechts über, sie auszuschlagen (Anfall der Erbschaft).

(2) Der Fiskus kann die ihm als gesetzlichem Erben angefallene Erbschaft nicht ausschlagen.

### § 1943 Annahme und Ausschlagung der Erbschaft

Der Erbe kann die Erbschaft nicht mehr ausschlagen, wenn er sie angenommen hat oder wenn die für die Ausschlagung vorgeschriebene Frist verstrichen ist; mit dem Ablauf der Frist gilt die Erbschaft als angenommen.

### § 1944 Ausschlagungsfrist

(1) Die Ausschlagung kann nur binnen sechs Wochen erfolgen.

(2) Die Frist beginnt mit dem Zeitpunkt, in welchem der Erbe von dem Anfall und dem Grunde der Berufung Kenntnis erlangt. Ist der Erbe durch Verfügung von Todes wegen berufen, beginnt die Frist nicht vor Bekanntgabe der Verfügung von Todes wegen durch das Nachlassgericht. Auf den Lauf der Frist finden die für die Verjährung geltenden Vorschriften der §§ 206, 210 entsprechende Anwendung.

(3) Die Frist beträgt sechs Monate, wenn der Erblasser seinen letzten Wohnsitz nur im Ausland gehabt hat oder wenn sich der Erbe bei dem Beginn der Frist im Ausland aufhält.

### § 1945 Form der Ausschlagung

(1) Die Ausschlagung erfolgt durch Erklärung gegenüber dem Nachlassgericht; die Erklärung ist zur Niederschrift des Nachlassgerichts oder in öffentlich beglaubigter Form abzugeben.

(2) Die Niederschrift des Nachlassgerichts wird nach den Vorschriften des Beurkundungsgesetzes errichtet.

(3) Ein Bevollmächtigter bedarf einer öffentlich beglaubigten Vollmacht. Die Vollmacht muss der Erklärung beigefügt oder innerhalb der Ausschlagungsfrist nachgebracht werden.

### § 1953 Wirkung der Ausschlagung

(1) Wird die Erbschaft ausgeschlagen, so gilt der Anfall an den Ausschlagenden als nicht erfolgt.

(2) Die Erbschaft fällt demjenigen an, welcher berufen sein würde, wenn der Ausschlagende zur Zeit des Erbfalls nicht gelebt hätte; der Anfall gilt als mit dem Erbfall erfolgt.

(3) Das Nachlassgericht soll die Ausschlagung demjenigen mitteilen, welchem die Erbschaft infolge der Ausschlagung angefallen ist. Es hat die Einsicht der Erklärung jedem zu gestatten, der ein rechtliches Interesse glaubhaft macht.

### § 1967 Erbenhaftung, Nachlassverbindlichkeiten

(1) Der Erbe haftet für die Nachlassverbindlichkeiten.

(2) Zu den Nachlassverbindlichkeiten gehören außer den vom Erblasser herrührenden Schulden die den Erben als solchen treffenden Verbindlichkeiten, insbesondere die Verbindlichkeiten aus Pflichtteilsrechten, Vermächtnissen und Auflagen.

### § 1975 Nachlassverwaltung; Nachlassinsolvenz

Die Haftung des Erben für die Nachlassverbindlichkeiten beschränkt sich auf den Nachlass, wenn eine Nachlasspflegschaft zum Zwecke der Befriedigung der Nachlassgläubiger (Nachlassverwaltung) angeordnet oder das Nachlassinsolvenzverfahren eröffnet ist.

### § 1990 Dürftigkeitseinrede des Erben

(1) Ist die Anordnung der Nachlassverwaltung oder die Eröffnung des Nachlassinsolvenzverfahrens wegen Mangels einer den Kosten entsprechenden Masse nicht tunlich oder wird aus diesem Grunde die Nachlassverwaltung aufgehoben oder das Insolvenzverfahren eingestellt, so kann der Erbe die Befriedigung eines Nachlassgläubigers insoweit verweigern, als der Nachlass nicht ausreicht. Der Erbe ist in diesem Falle verpflichtet, den Nachlass zum Zwecke der Befriedigung des Gläubigers im Wege der Zwangsvollstreckung herauszugeben.

(2) Das Recht des Erben wird nicht dadurch ausgeschlossen, dass der Gläubiger nach dem Eintritt des Erbfalls im Wege der Zwangsvollstreckung oder der Arrestvollziehung ein Pfandrecht oder eine Hypothek oder im Wege der einstweiligen Verfügung eine Vormerkung erlangt hat.

### § 1992 Überschuldung durch Vermächtnisse und Auflagen

Beruht die Überschuldung des Nachlasses auf Vermächtnissen und Auflagen, so ist der Erbe, auch wenn die Voraussetzungen des § 1990 nicht vorliegen, berechtigt, die Berichtigung dieser Verbindlichkeiten nach den Vorschriften der §§ 1990, 1991 zu bewirken. Er kann die Herausgabe der noch vorhandenen Nachlassgegenstände durch Zahlung des Wertes abwenden.

### § 2014 Dreimonatseinrede

Der Erbe ist berechtigt, die Berichtigung einer Nachlassverbindlichkeit bis zum Ablauf der ersten drei Monate nach der Annahme der Erbschaft, jedoch nicht über die Errichtung des Inventars hinaus, zu verweigern.

### § 2015 Einrede des Aufgebotsverfahrens

(1) Hat der Erbe den Antrag auf Erlassung des Aufgebotsverfahrens der Nachlassgläubiger innerhalb eines Jahres nach der Annahme der Erbschaft gestellt und ist der Antrag zugelassen, so ist der Erbe berechtigt, die Berichtigung einer Nachlassverbindlichkeit bis zur Beendigung des Aufgebotsverfahrens zu verweigern.

(2) (weggefallen)

(3) Wird der Ausschließungsbeschluss erlassen oder der Antrag auf Erlass des Ausschließungsbeschlusses zurückgewiesen, so ist das Aufgebotsverfahren erst dann als beendet anzusehen, wenn der Beschluss rechtskräftig ist.

### § 2016 Ausschluss der Einreden bei unbeschränkter Erbenhaftung

(1) Die Vorschriften der §§ 2014, 2015 finden keine Anwendung, wenn der Erbe unbeschränkt haftet.

(2) Das Gleiche gilt, soweit ein Gläubiger nach § 1971 von dem Aufgebot der Nachlassgläubiger nicht betroffen wird, mit der Maßgabe, dass ein erst nach dem Eintritt des Erbfalls im Wege der Zwangsvollstreckung oder der Arrestvollziehung erlangtes Recht sowie eine erst nach diesem Zeitpunkt im Wege der einstweiligen Verfügung erlangte Vormerkung außer Betracht bleibt.

# Die Erbengemeinschaft

11

# Wenn mehrere Erben erben …

Erben mehrere Erben vom gleichen Erblasser, bilden diese Erben eine Erbengemeinschaft. Die Erben werden dann auch Miterben genannt. Die Erbengemeinschaft wird Gesamtrechtsnachfolger des Erblassers. Sie erhält per Gesetz alle Rechte und Pflichten des Erblassers. Die Erbengemeinschaft kann die Erbschaft weder annehmen noch ausschlagen. Lediglich der einzelne Erbe kann durch Annahme oder Ausschlagung der Erbschaft entscheiden, ob er Mitglied der Erbengemeinschaft werden will.

# Gesamthandsgemeinschaft

Die Erbengemeinschaft erhält den Nachlass gemeinsam zur gesamten Hand. Das heißt, der Nachlass bleibt zunächst zusammen. Der einzelne Erbe wird nicht unmittelbar Eigentümer an seinem Erbteil. Alle Erben werden gemeinsam Eigentümer des gesamten Nachlasses.

# Verwaltung des Nachlasses

Alle Miterben verwalten den Nachlass gemeinschaftlich. Sie sind dazu nicht nur berechtigt, sondern sogar gesetzlich verpflichtet. Können sich die Miterben über bestimmte Maßnahmen nicht einigen, bestimmt die Stimmenmehrheit. Die Stimmenmehrheit berechnet sich nach den Erbquoten. Gibt es beispielsweise drei Erben mit einer Erbquote von je $^1/_3$ und stimmen zwei der Miterben für eine Maßnahme, haben sie $^2/_3$ der Stimmen, das heißt die Mehrheit. Hätte dagegen derjenige, der gegen die Maßnahme stimmt, eine Erbquote von 51 Prozent und die anderen beiden 49 Prozent, wären diese zwar in der Überzahl, hätten aber keine Mehrheit.

Eine überflüssige Verwaltung auf Kosten des Nachlasses kann aber nicht durch die Stimmenmehrheit beschlossen werden. Solche Maßnahmen müssen einstimmig beschlossen werden.

Die Art und Weise der Verwaltung ist gesetzlich nicht bestimmt worden und der Erbengemeinschaft überlassen.

## Nutzung des Nachlasses

Jedem Miterben steht die Nutzung des Nachlasses zu. Sein Recht endet jedoch dort, wo es andere Miterben an der Nutzung hindert.

So können beispielsweise die Miterben die im Nachlass befindliche Ferienwohnung nach Absprache mit den anderen Miterben benutzen, jedoch nur zeitlich beschränkt, sodass alle Miterben in den Genuss der Ferienwohnung kommen. Nicht zulässig ist dagegen die mietfreie Nutzung einer Wohnung in einem Mietshaus. Dadurch würden die anderen Miterben von der Nutzung ausgeschlossen. Sie könnten die Wohnung nicht mehr an Dritte vermieten und die Miete der Erbengemeinschaft zuführen.

## Auseinandersetzung

Auseinandersetzung bedeutet, dass der Nachlass abgewickelt wird und auf die einzelnen Erben aufgeteilt wird. Nach erfolgter Auseinandersetzung ist die Erbengemeinschaft aufgelöst. Jeder Erbe wird Eigentümer seines Erbteils. Die Auseinandersetzung ist das eigentliche Ziel der Erbengemeinschaft. Die Erbengemeinschaft ist nämlich nicht auf Dauer ausgelegt, sondern auf ihre Auflösung.

Jeder Miterbe kann grundsätzlich jederzeit die Auseinandersetzung verlangen. Die Auseinandersetzung kann ausnahmsweise noch nicht verlangt werden, wenn

- ein möglicher Miterbe noch nicht feststeht.
- die Auseinandersetzung im Testament ausgeschlossen wurde und die darin angeordnete Zeitspanne noch nicht verstrichen ist.
- ein Aufgebotsverfahren zur Ermittlung der Nachlassgläubiger noch nicht abgeschlossen ist.

Bei der Auseinandersetzung werden zunächst alle Nachlassverbindlichkeiten beglichen und dann der verbleibende Nachlass nach dem Verhältnis der Erbquoten unter den Miterben aufgeteilt. Dabei sind gegebenenfalls die Teilungsanordnungen des Erblassers zu berücksichtigen.

Die Miterben können sich grundsätzlich in eigener Regie einigen, wie der Nachlass aufgeteilt wird. Wenn zum Nachlass Immobilien gehören, muss die gesamte Auseinandersetzungsvereinbarung von einem Notar beurkundet werden.

Können sich die Miterben über die Verteilung bei einem Grundstück nicht einigen, kann es durch Teilungsversteigerung veräußert werden. Den Versteigerungserlös teilen sich die Erben dann wiederum auf.

## Haftung der Erbengemeinschaft

Die Miterben einer Erbengemeinschaft haften für die Nachlassverbindlichkeiten als Gesamtschuldner. Das bedeutet, dass der Gläubiger von jedem Miterben die vollständige Zahlung verlangen kann. Dieser Miterbe kann dann von den anderen Miterben einen anteiligen Ausgleich der Zahlung verlangen.

Vor der Teilung des Nachlasses kann jeder Erbe die Zahlung aus seinem persönlichen Vermögen verweigern. Der Gläubiger hat sich in dieser Zeit an die Erbengemeinschaft im Ganzen zu richten. Die Erbengemeinschaft zahlt die Verbindlichkeit dann aus dem Nachlassvermögen.

Jeder Miterbe kann seine Haftung für die Nachlassverbindlichkeiten begrenzen, wie der Alleinerbe. Lesen Sie dazu in Kapitel 10 „Rechte und Pflichten des Erben".

## Wichtige Gesetzestexte aus dem BGB

*Hinweis*: siehe auch § 1922 Abs. 2 BGB, abgedruckt in Kapitel 4.

### § 2038 Gemeinschaftliche Verwaltung des Nachlasses

(1) Die Verwaltung des Nachlasses steht den Erben gemeinschaftlich zu. Jeder Miterbe ist den anderen gegenüber verpflichtet, zu Maßregeln mitzuwirken, die zur ordnungsmäßigen Verwaltung erforderlich sind; die zur Erhaltung notwendigen Maßregeln kann jeder Miterbe ohne Mitwirkung der anderen treffen.

(2) Die Vorschriften der §§ 743, 745, 746, 748 finden Anwendung. Die Teilung der Früchte erfolgt erst bei der Auseinandersetzung. Ist die Auseinandersetzung auf längere Zeit als ein Jahr ausgeschlossen, so kann jeder Miterbe am Schluss jedes Jahres die Teilung des Reinertrags verlangen.

### § 2042 Auseinandersetzung

(1) Jeder Miterbe kann jederzeit die Auseinandersetzung verlangen, soweit sich nicht aus den §§ 2043 bis 2045 ein anderes ergibt.

(2) Die Vorschriften des § 749 Abs. 2, 3 und der §§ 750 bis 758 finden Anwendung.

### § 2046 Berichtigung der Nachlassverbindlichkeiten

(1) Aus dem Nachlass sind zunächst die Nachlassverbindlichkeiten zu berichtigen. Ist eine Nachlassverbindlichkeit noch nicht fällig oder ist sie streitig, so ist das zur Berichtigung Erforderliche zurückzubehalten.

(2) Fällt eine Nachlassverbindlichkeit nur einigen Miterben zur Last, so können diese die Berichtigung nur aus dem verlangen, was ihnen bei der Auseinandersetzung zukommt.

(3) Zur Berichtigung ist der Nachlass, soweit erforderlich, in Geld umzusetzen.

**§ 2047 Verteilung des Überschusses**

(1) Der nach der Berichtigung der Nachlassverbindlichkeiten verbleibende Überschuss gebührt den Erben nach dem Verhältnis der Erbteile.

(2) Schriftstücke, die sich auf die persönlichen Verhältnisse des Erblassers, auf dessen Familie oder auf den ganzen Nachlass beziehen, bleiben gemeinschaftlich.

*Hinweis*: siehe auch § 2048 BGB, abgedruckt in Kapitel 6.

**§ 2058 Gesamtschuldnerische Haftung**

Die Erben haften für die gemeinschaftlichen Nachlassverbindlichkeiten als Gesamtschuldner.

**§ 2060 Haftung nach der Teilung**

Nach der Teilung des Nachlasses haftet jeder Miterbe nur für den seinem Erbteil entsprechenden Teil einer Nachlassverbindlichkeit:

1. wenn der Gläubiger im Aufgebotsverfahren ausgeschlossen ist; das Aufgebot erstreckt sich insoweit auch auf die im § 1972 bezeichneten Gläubiger sowie auf die Gläubiger, denen der Miterbe unbeschränkt haftet;
2. wenn der Gläubiger seine Forderung später als fünf Jahre nach dem in § 1974 Abs. 1 bestimmten Zeitpunkt geltend macht, es sei denn, dass die Forderung vor dem Ablauf der fünf Jahre dem Miterben bekannt geworden oder im Aufgebotsverfahren angemeldet worden ist; die Vorschrift findet keine Anwendung, soweit der Gläubiger nach § 1971 von dem Aufgebot nicht betroffen wird;
3. wenn das Nachlassinsolvenzverfahren eröffnet und durch Verteilung der Masse oder durch einen Insolvenzplan beendigt worden ist.

### § 743 Früchteanteil; Gebrauchsbefugnis

(1) Jedem Teilhaber gebührt ein seinem Anteil entsprechender Bruchteil der Früchte.

(2) Jeder Teilhaber ist zum Gebrauch des gemeinschaftlichen Gegenstands insoweit befugt, als nicht der Mitgebrauch der übrigen Teilhaber beeinträchtigt wird.

### § 745 Verwaltung und Benutzung durch Beschluss

(1) Durch Stimmenmehrheit kann eine der Beschaffenheit des gemeinschaftlichen Gegenstands entsprechende ordnungsmäßige Verwaltung und Benutzung beschlossen werden. Die Stimmenmehrheit ist nach der Größe der Anteile zu berechnen.

(2) Jeder Teilhaber kann, sofern nicht die Verwaltung und Benutzung durch Vereinbarung oder durch Mehrheitsbeschluss geregelt ist, eine dem Interesse aller Teilhaber nach billigem Ermessen entsprechende Verwaltung und Benutzung verlangen.

(3) Eine wesentliche Veränderung des Gegenstands kann nicht beschlossen oder verlangt werden. Das Recht des einzelnen Teilhabers auf einen seinem Anteil entsprechenden Bruchteil der Nutzungen kann nicht ohne seine Zustimmung beeinträchtigt werden.

### § 748 Lasten- und Kostentragung

Jeder Teilhaber ist den anderen Teilhabern gegenüber verpflichtet, die Lasten des gemeinschaftlichen Gegenstands sowie die Kosten der Erhaltung, der Verwaltung und einer gemeinschaftlichen Benutzung nach dem Verhältnis seines Anteils zu tragen.

### § 752 Teilung in Natur

Die Aufhebung der Gemeinschaft erfolgt durch Teilung in Natur, wenn der gemeinschaftliche Gegenstand oder, falls mehrere Gegenstände gemeinschaftlich sind, diese sich ohne Verminderung des Wertes in gleichartige, den Anteilen der Teilhaber entsprechende Teile zerlegen lassen. Die Verteilung gleicher Teile unter die Teilhaber geschieht durch das Los.

## § 753 Teilung durch Verkauf

(1) Ist die Teilung in Natur ausgeschlossen, so erfolgt die Aufhebung der Gemeinschaft durch Verkauf des gemeinschaftlichen Gegenstands nach den Vorschriften über den Pfandverkauf, bei Grundstücken durch Zwangsversteigerung und durch Teilung des Erlöses. Ist die Veräußerung an einen Dritten unstatthaft, so ist der Gegenstand unter den Teilhabern zu versteigern.

(2) Hat der Versuch, den Gegenstand zu verkaufen, keinen Erfolg, so kann jeder Teilhaber die Wiederholung verlangen; er hat jedoch die Kosten zu tragen, wenn der wiederholte Versuch misslingt.

## § 755 Berichtigung einer Gesamtschuld

(1) Haften die Teilhaber als Gesamtschuldner für eine Verbindlichkeit, die sie in Gemäßheit des § 748 nach dem Verhältnis ihrer Anteile zu erfüllen haben oder die sie zum Zwecke der Erfüllung einer solchen Verbindlichkeit eingegangen sind, so kann jeder Teilhaber bei der Aufhebung der Gemeinschaft verlangen, dass die Schuld aus dem gemeinschaftlichen Gegenstand berichtigt wird.

(2) Der Anspruch kann auch gegen die Sondernachfolger geltend gemacht werden.

(3) Soweit zur Berichtigung der Schuld der Verkauf des gemeinschaftlichen Gegenstands erforderlich ist, hat der Verkauf nach § 753 zu erfolgen.

# Gesetzliche Auslegungsregeln

12

## Ermittlung des wirklichen oder mutmaßlichen Erblasserwillen

Dieser Ratgeber soll Ihnen helfen, ein eindeutiges Testament zu formulieren. Es soll gerade verhindert werden, dass die Erben nach Ihrem Tod „orakeln“, was Sie genau anordnen wollten. Dennoch ist es wichtig, sich mit den Auslegungsregeln des Gesetzes vertraut zu machen. So erkennen Sie, wie nach Auffassung des Gesetzgebers der mutmaßliche Wille des Erblassers ist.

Wollen Sie bestimmte Anordnungen anders formulieren als in den Regeln angenommen, wissen Sie, dass Sie noch mehr Wert auf eindeutige und klarstellende Formulierungen legen müssen. Im Streitfall entscheidet ein Gericht, wie das Testament ausgelegt wird.

## Die Auslegung des Testaments

Wenn Juristen davon sprechen etwas auszulegen, meinen sie damit, dass sie den rechtlich maßgeblichen Sinn eines Gesetzes, Vertrages oder auch Testaments ermitteln. Die Auslegung ist immer dann nötig und möglich, wenn der Wortlaut nicht eindeutig ist.

Die Testamentsauslegung hat den Sinn, den wirklichen Willen des Erblassers zu erforschen. Dabei ist primär der Wortlaut des Testaments maßgeblich. Wenn sich aber aus den Umständen ergibt, dass der Erblasser etwas anderes wollte, soll vom Wortlaut abgewichen werden können. Häufig wird umgangssprachlich „vermachen“ mit „vererben“ gleichgesetzt. Gerade in solche Fällen muss genau überprüft werden, was der Erblasser wirklich wollte.

Es kann aber auch sein, dass ein Testament auf mehrere Arten ausgelegt werden kann, und alle Auslegungen gleichwertig sind. In einem solchen Fall geht eine Auslegung, die zu einem wirksamen Testament führt, einer solchen vor, die zu einem unwirksamen Testament führt.

# Beispiele gesetzlicher Auslegungsregeln

## Vorrang des tatsächlichen Erblasserwillen

Die gesetzlichen Auslegungsregeln greifen nur im Zweifel ein. Das bedeutet, dass ein durch Auslegung ermittelter Wille des Erblassers vorrangig ist. Eine Auslegung nach gesetzlichen Auslegungsregeln ist dann nicht mehr möglich.

## Einsetzung der gesetzlichen Erben

Verfügt der Erblasser, „meine gesetzlichen Erben" oder „meine Erben" sollen alles erben, ohne weitere Erläuterung, gilt folgende Erbfolge: Es erben diejenigen, die im Erbfall gesetzliche Erben sind. Ihre Anteile bestimmen sich nach der gesetzlichen Erbfolge.

Wurde dabei die Erbschaft unter eine aufschiebende Bedingung gestellt, ist entscheidend, wer im Zeitpunkt des Eintritts der Bedingung gesetzlicher Erbe ist.

## Einsetzung der Verwandten

Hat der Erblasser „seine Verwandten" oder „seine nächsten Verwandten" bedacht, ohne diese konkreter zu bestimmen, so werden diejenigen Verwandten Erbe, die im Erbfall gesetzliche Erben wären. Die Erbquote richtet sich dabei nach der gesetzlichen Erbfolge.

**Achtung:** Die Ehegatten sind nach dem Gesetz nicht miteinander verwandt. Der überlebende Ehegatte wäre in diesem Fall enterbt.

## Einsetzung der Kinder oder Abkömmlinge

Hat der Erblasser „seine Kinder" bedacht, ohne weitere Bestimmungen zu treffen, werden alle Kinder zu gleichen Teilen Erbe.

**Achtung:** Auch die nichtehelichen Kinder werden Erben, wenn sie nach dem 30.6.1949 geboren wurden und die Vaterschaft des Erblassers festgestellt wurde.

Ist ein Kind beim Erbfall bereits verstorben, werden dessen Abkömmlinge Erben.

Gleiches gilt, wenn der Erblasser „seine Abkömmlinge" als Erben einsetzt.

## Einsetzung der „Armen"

Hat der Erblasser die „Armen" ohne weitere Bestimmungen bedacht, so erbt die gemeindliche Armenkasse mit der Auflage, das Geld unter Armen zu verteilen.

## Mehrdeutige Personenbezeichnung

Hat der Erblasser den Erben nicht konkret benannt, sondern nur bezeichnet, gilt Folgendes: Diejenige Person, auf die die Bezeichnung passt, wird Erbe. Passt die Bezeichnung auf mehrere Personen, werden diese zu gleichen Teilen Erben.

## Einsetzung des Ehegatten und spätere Scheidung

Hat der Erblasser seinen Ehegatten als Erben eingesetzt, wird dieser regelmäßig nur Erbe, wenn die Ehe bis zum Erbfall bestand. War die Ehe schon vorher geschieden worden oder lebten die Ehegatten in Scheidung, ist die Einsetzung des Ehegatten als Erbe in der Regel unwirksam.

**Praxis-Tipp:**

Die Einsetzung des Ehegatten ist während der Trennung nur dann unwirksam, wenn die Scheidungsvoraussetzungen vorliegen und der Erblasser die Scheidung beantragt oder ihr zugestimmt hat.

Ob die Scheidungsvoraussetzungen vorlagen und, ob der Erblasser in der erforderlichen Form die Scheidung beantragt oder ihr zugestimmt hat, sollten Sie von einem Rechtsanwalt prüfen lassen.

Auch in einem solchen Fall gilt: Wenn sich aus dem Testament oder aus den sonstigen Umständen ergibt, dass der Erblasser seinen Ehegatten auf jeden Fall als Erben einsetzen wollte, gilt natürlich der Wille des Erblassers. Der geschiedene Ehegatte wird Erbe. Er muss aber beweisen, dass der Erblasser ihn auch dann als Erben eingesetzt hätte, wenn er von der späteren Trennung schon gewusst hätte.

## Wichtige Gesetzestexte aus dem BGB

**§ 133 Auslegung einer Willenserklärung**

Bei der Auslegung einer Willenserklärung ist der wirkliche Wille zu erforschen und nicht an dem buchstäblichen Sinne des Ausdrucks zu haften.

**§ 2066 Gesetzliche Erben des Erblassers**

Hat der Erblasser seine gesetzlichen Erben ohne nähere Bestimmung bedacht, so sind diejenigen, welche zur Zeit des Erbfalls seine gesetzlichen Erben sein würden, nach dem Verhältnis ihrer gesetzlichen Erbteile bedacht. Ist die Zuwendung unter einer aufschiebenden Bedingung oder unter Bestimmung eines Anfangstermins gemacht und tritt die Bedingung oder der Termin erst nach dem Erbfall ein, so sind im Zweifel diejenigen als bedacht anzusehen, welche die gesetzlichen Erben sein würden, wenn der Erblasser zur Zeit des Eintritts der Bedingung oder des Termins gestorben wäre.

### § 2067 Verwandte des Erblassers

Hat der Erblasser seine Verwandten oder seine nächsten Verwandten ohne nähere Bestimmung bedacht, so sind im Zweifel diejenigen Verwandten, welche zur Zeit des Erbfalls seine gesetzlichen Erben sein würden, als nach dem Verhältnis ihrer gesetzlichen Erbteile bedacht anzusehen. Die Vorschrift des § 2066 Satz 2 findet Anwendung.

### § 2068 Kinder des Erblassers

Hat der Erblasser seine Kinder ohne nähere Bestimmung bedacht und ist ein Kind vor der Errichtung des Testaments mit Hinterlassung von Abkömmlingen gestorben, so ist im Zweifel anzunehmen, dass die Abkömmlinge insoweit bedacht sind, als sie bei der gesetzlichen Erbfolge an die Stelle des Kindes treten würden.

### § 2069 Abkömmlinge des Erblassers

Hat der Erblasser einen seiner Abkömmlinge bedacht und fällt dieser nach der Errichtung des Testaments weg, so ist im Zweifel anzunehmen, dass dessen Abkömmlinge insoweit bedacht sind, als sie bei der gesetzlichen Erbfolge an dessen Stelle treten würden.

### § 2070 Abkömmlinge eines Dritten

Hat der Erblasser die Abkömmlinge eines Dritten ohne nähere Bestimmung bedacht, so ist im Zweifel anzunehmen, dass diejenigen Abkömmlinge nicht bedacht sind, welche zur Zeit des Erbfalls oder, wenn die Zuwendung unter einer aufschiebenden Bedingung oder unter Bestimmung eines Anfangstermins gemacht ist und die Bedingung oder der Termin erst nach dem Erbfall eintritt, zur Zeit des Eintritts der Bedingung oder des Termins noch nicht gezeugt sind.

### § 2071 Personengruppe

Hat der Erblasser ohne nähere Bestimmung eine Klasse von Personen oder Personen bedacht, die zu ihm in einem Dienst- oder Geschäftsverhältnis stehen, so ist im Zweifel anzunehmen, dass diejenigen bedacht sind, welche zur Zeit des Erbfalls der bezeichneten Klasse angehören oder in dem bezeichneten Verhältnis stehen.

### § 2072 Die Armen

Hat der Erblasser die Armen ohne nähere Bestimmung bedacht, so ist im Zweifel anzunehmen, dass die öffentliche Armenkasse der Gemeinde, in deren Bezirk er seinen letzten Wohnsitz gehabt hat, unter der Auflage bedacht ist, das Zugewendete unter Arme zu verteilen.

### § 2073 Mehrdeutige Bezeichnung

Hat der Erblasser den Bedachten in einer Weise bezeichnet, die auf mehrere Personen passt, und lässt sich nicht ermitteln, wer von ihnen bedacht werden sollte, so gelten sie als zu gleichen Teilen bedacht.

### § 2074 Aufschiebende Bedingung

Hat der Erblasser eine letztwillige Zuwendung unter einer aufschiebenden Bedingung gemacht, so ist im Zweifel anzunehmen, dass die Zuwendung nur gelten soll, wenn der Bedachte den Eintritt der Bedingung erlebt.

### § 2075 Auflösende Bedingung

Hat der Erblasser eine letztwillige Zuwendung unter der Bedingung gemacht, dass der Bedachte während eines Zeitraums von unbestimmter Dauer etwas unterlässt oder fortgesetzt tut, so ist, wenn das Unterlassen oder das Tun lediglich in der Willkür des Bedachten liegt, im Zweifel anzunehmen, dass die Zuwendung von der auflösenden Bedingung abhängig sein soll, dass der Bedachte die Handlung vornimmt oder das Tun unterlässt.

### § 2076 Bedingung zum Vorteil eines Dritten

Bezweckt die Bedingung, unter der eine letztwillige Zuwendung gemacht ist, den Vorteil eines Dritten, so gilt sie im Zweifel als eingetreten, wenn der Dritte die zum Eintritt der Bedingung erforderliche Mitwirkung verweigert.

## § 2077 Unwirksamkeit letztwilliger Verfügungen bei Auflösung der Ehe oder Verlobung

(1) Eine letztwillige Verfügung, durch die der Erblasser seinen Ehegatten bedacht hat, ist unwirksam, wenn die Ehe vor dem Tode des Erblassers aufgelöst worden ist. Der Auflösung der Ehe steht es gleich, wenn zur Zeit des Todes des Erblassers die Voraussetzungen für die Scheidung der Ehe gegeben waren und der Erblasser die Scheidung beantragt oder ihr zugestimmt hatte. Das Gleiche gilt, wenn der Erblasser zur Zeit seines Todes berechtigt war, die Aufhebung der Ehe zu beantragen, und den Antrag gestellt hatte.

(2) Eine letztwillige Verfügung, durch die der Erblasser seinen Verlobten bedacht hat, ist unwirksam, wenn das Verlöbnis vor dem Tode des Erblassers aufgelöst worden ist.

(3) Die Verfügung ist nicht unwirksam, wenn anzunehmen ist, dass der Erblasser sie auch für einen solchen Fall getroffen haben würde.

## § 2084 Auslegung zugunsten der Wirksamkeit

Lässt der Inhalt einer letztwilligen Verfügung verschiedene Auslegungen zu, so ist im Zweifel diejenige Auslegung vorzuziehen, bei welcher die Verfügung Erfolg haben kann.

## § 2087 Zuwendung des Vermögens, eines Bruchteils oder einzelner Gegenstände

(1) Hat der Erblasser sein Vermögen oder einen Bruchteil seines Vermögens dem Bedachten zugewendet, so ist die Verfügung als Erbeinsetzung anzusehen, auch wenn der Bedachte nicht als Erbe bezeichnet ist.

(2) Sind dem Bedachten nur einzelne Gegenstände zugewendet, so ist im Zweifel nicht anzunehmen, dass er Erbe sein soll, auch wenn er als Erbe bezeichnet ist.

## § 2097 Auslegungsregel bei Ersatzerben

Ist jemand für den Fall, dass der zunächst berufene Erbe nicht Erbe sein kann, oder für den Fall, dass er nicht Erbe sein will, als Ersatzerbe eingesetzt, so ist im Zweifel anzunehmen, dass er für beide Fälle eingesetzt ist.

# Vorsicht: Der Fiskus erbt mit

13

## Was jeder wissen sollte

Erbschaften und Schenkungen müssen dem Finanzamt gemeldet werden. Die Höhe der Steuer errechnet sich aus dem Betrag, der den Freibetrag übersteigt, und dem Steuersatz. Prüfen Sie im Folgenden, ob bei Ihnen eine Erbschaftsteuer überhaupt anfallen kann, oder ob alle Erben innerhalb der Freibeträge erben werden. Gegebenenfalls wenden Sie sich an Ihren Rechtsanwalt oder Steuerberater.

## Freibeträge bei einer Erbschaft bzw. Schenkung bis 31. 12. 2008

| Personen in Bezug zum Erblasser | Freibeträge |
|---|---|
| ■ Ehepartner | 307 000 Euro |
| ■ Kinder und Stiefkinder<br>■ Enkelkinder, sofern deren Elternteil seitens des Erblassers tot ist | 205 000 Euro |
| ■ Andere Enkel<br>■ Stiefenkel<br>■ Urenkel<br>■ Eltern<br>■ Großeltern | 51 200 Euro |
| ■ Geschwister<br>■ Nichten und Neffen<br>■ Stiefeltern<br>■ Schwiegerkinder<br>■ Schwiegereltern<br>■ Geschiedene Ehegatten | 10 300 Euro |
| ■ Übrige Erben bzw. Beschenkte | 5 200 Euro |

Stand: Dezember 2008

# Das Erbschaftsteuerrecht seit 2009

Mit WIrkung ab 1.1.2009 wurde das Erbschaftsteuerrecht wie folgt reformiert:

## Die neuen Freibeträge

| Erbe | Freibetrag ab 1. 1. 2009 | Freibetrag bis 31. 12. 2008 |
|---|---|---|
| Ehegatten | **500 000 Euro** | 307 000 Euro |
| Kinder | **400 000 Euro** | 205 000 Euro |
| Enkel | **200 000 Euro** | 51 200 Euro |
| Übrige Personen der Steuerklasse I | **100 000 Euro** | 51 200 Euro |
| Personen der Steuerklasse II | **20 000 Euro** | 10 300 Euro |
| Personen der Steuerklasse III | **20 000 Euro** | 5 200 Euro |

Erstmals werden seit 2009 auch Partner einer eingetragenen Lebenspartnerschaft den Ehegatten gleichgestellt und können den Freibetrag von 500 000 Euro in Anspruch nehmen.

## Sonderfall Familienheim

Die Vererbung einer selbst genutzten Wohnimmobilie an einen Ehegatten oder an einen eingetragenen Lebenspartner ist steuerfrei. Voraussetzung: Das Objekt wird nach Erwerb zehn Jahre lang von dem Erwerber selbst zu Wohnzwecken genutzt. Die Vererbung einer selbst genutzten Wohnimmobilie an Kinder oder an Kinder verstorbener Kinder (= Enkel, deren Elternteil bereits verstorben ist) ist bis zu einer Fläche von 200 qm steuerfrei. Auch hier ist Voraussetzung, dass der Erwerber das Familienheim zehn Jahre lang selbst zu Wohnzwecken nutzt.

In beiden Fällen gilt: Die Steuerbefreiung entfällt rückwirkend, wenn das Familienheim innerhalb der Zehnjahresfrist verkauft oder vermietet wird. Eine Ausnahme von der Nachversteuerung besteht für den Fall, dass die Selbstnutzung aus zwingenden objektiven Gründen aufgegeben wird. Hierunter fallen z.B. Tod oder erhebliche Pflegebedürftigkeit (Pflegestufe 3).

## Steuersätze

Die Reform begünstigt Ehegatten, Kinder und Enkel und benachteiligt Nichten, Neffen und Geschwister durch erhebliche Anhebung der Steuersätze.

| **Steuersätze ab 2009** | | | |
|---|---|---|---|
| Euro-Beträge bis einschließlich | I (bisher) | II (bisher) | III (bisher) |
| 75 000 (52 000) | 7 (7) | 15 (12) | 30 (17) |
| 300 000 (256 000) | 11 (11) | 20 (17) | 30 (23) |
| 600 000 (512 000) | 15 (15) | 25 (22) | 30 (29) |
| 6 000 000 (5 113 000) | 19 (19) | 30 (27) | 30 (35) |
| 13 000 000 (12 783 000) | 23 (23) | 35 (32) | 50 (41) |
| 26 000 000 (25 565 000) | 27 (27) | 40 (37) | 50 (47) |
| über 26 000 000 | 30 (30) | 43 (40) | 50 (50) |

## Pflegepauschbetrag

Alle Erben, die den Erblasser vor seinem Tod gepflegt haben, können wegen eines höheren Pflegepauschbetrages bis zu 20 000 Euro (bisher 5 200 Euro) steuerfrei erhalten, wenn das Zugewendete als angemessenes Entgelt anzusehen ist.

## Steuerstundung bei Grundvermögen

Bei Erwerb von vermieteten Wohnimmobilien/eines selbst genutzten Ein- oder Zweifamilienhauses bzw. Wohnungseigentums kann die darauf entfallende Erbschaftsteuer auf Antrag bis zu zehn Jahren gestundet werden, wenn anderenfalls zur Entrichtung der Erbschaftsteuer das Grundstück veräußert werden müsste. Bei Erwerb von Todes wegen erfolgt die Stundung zinslos.

## Steuerbefreiung für Baudenkmäler

Die (teilweise) Steuerbefreiung für Baudenkmäler wird von 60 Prozent auf 85 Prozent erhöht.

## Unternehmerisches Vermögen

Für unternehmerisches Vermögen gibt es bei Betriebsfortführung unter bestimmten Voraussetzungen Steuerverschonung bzw. Steuervergünstigungen.

# Formulierungsvorschläge für Testamente

14

*Hinweis:* Ein Testament müssen Sie in jedem Fall eigenhändig, also handschriftlich verfassen (siehe § 2247 BGB, abgedruckt in Kapitel 4).

## Vorschlag für ein einfaches Testament

Mein Testament

Ich, Marlene Reich, geboren am …, setze meinen Sohn David, geboren am …, derzeit wohnhaft in …, zum Alleinerben meines ganzen Vermögens ein. Er war der einzige, der mich auch noch bis zum Schluss besucht und gepflegt hat.

Mein anderer Sohn Daniel soll nichts erhalten. Er war schon immer hinter meinem Geld her und soll bei meinem Tod den Kürzeren ziehen.

München, den 18. Januar 2012 Marlene Reich

## Vorschlag für ein Testament mit Vermächtnissen

Mein Testament

Ich, Marlene Reich, geboren am …, setze meinen Sohn David, geboren am …, derzeit wohnhaft in …, zum Alleinerben meines ganzen Vermögens ein.

Weiterhin ordne ich folgende Vermächtnisse an:

Mein Bruder Gustav erhält meine gesamten Bücher. Er ist wohl der einzige, der in der heutigen Zeit noch liest.

Meine gesamte Kleidung erhält meine Schwester Erna.

Meine Patenkinder Max und Moritz erhalten mein Sparbuch bei der XY-Bank Nr. … je zur Hälfte.

München, den 18. Januar 2012 Marlene Reich

# Vorschlag für ein Testament mit Pflichtteilsbeschränkung in guter Absicht

Mein Testament

Ich, Marlene Reich, geboren am …, setze meine Söhne David, geboren am …, derzeit wohnhaft in …, und Daniel, geboren am …, derzeit wohnhaft in …, zu den Erben meines ganzen Vermögens zu je gleichen Teilen ein. Ersatzerben sind deren Abkömmlinge.

Im Wege der Teilungsanordnung bestimme ich, dass Daniel die Eigentumswohnung in … erhalten soll. Eine Anrechnung auf den Erbteil findet statt.

Daniel erhält seinen Erbteil jedoch nur als Vorerbe. Ein Ersatzvorerbe wird nicht bestimmt. Daniel unterliegt allen gesetzlichen Beschränkungen des Vorerben.

Nacherbe werden seine Frau und seine Kinder zu je gleichen Teilen. Die Ersatzerbschaft richtet sich nach den gesetzlichen Regelungen. Der Nacherbfall tritt mit dem Tod von Daniel ein.

Sollte Daniel die Erbschaft ausschlagen und seinen Pflichtteil verlangen, unterliegt dieser den gleichen Beschränkungen, wie die Vorerbschaft. Die Beschränkung habe ich angeordnet, da Daniel erheblich überschuldet ist und seit längerem Zwangsvollstreckungsmaßnahmen (Az.: …) erdulden muss.

München, den 18. Januar 2012 Marlene Reich

# Vorschlag für ein Berliner Testament

Unser gemeinschaftliches Testament

Wir, Marlene Reich, geboren am …, und Martin Reich, geboren am …, beide derzeit wohnhaft in …, setzen uns gegenseitig als alleinige Vollerben unseres gesamten Vermögens ein.

Schlusserben des länger Lebenden von uns werden unsere Kinder David, geboren am …, derzeit wohnhaft in …, und Daniel, geboren am …, derzeit wohnhaft in … Nachdem David schon zu seiner Hochzeit eine Aussteuer für den Erwerb einer Eigentumswohnung von uns bekommen hat, soll David nur zu 1/3 erben und Daniel zu 2/3.

Sollte einer der beiden zum Schlusserbfall weggefallen sein, tritt die Nacherbschaft bzw. Anwachsung der Erbschaft nach den gesetzlichen Regeln ein.

Für den Fall, dass beim Tod des Erstversterbenden einer der Schlusserben seinen Pflichtteil geltend gemacht und dieser auch ausgezahlt wird, gilt Folgendes: Derjenige, der seinen Pflichtteil gefordert hat, wird auch für den zweiten Erbfall enterbt. Derjenige, der seinen Pflichtteil nicht geltend gemacht hat, erhält dafür, dass er unseren letzten Willen beachtet hat, beim zweiten Erbfall ein Vorausvermächtnis in Höhe des Pflichtteilsanspruchs aus dem ersten Erbfall.

München, den 18. Januar 2012
Marlene Reich

München, den 18. Januar 2012
Martin Reich

# Vorschlag für ein Ehegattentestament mit Trennungslösung

Unser gemeinschaftliches Testament

Wir, Marlene Reich, geboren am …, und Martin Reich, geboren am …, beide derzeit wohnhaft in …, setzen uns gegenseitig als alleinige Erben unseres gesamten Vermögens ein. Der Überlebende von uns erhält das Erbe aber nur als Vorerbe.

Der überlebende Ehegatte wird bezüglich der Immobilien nicht befreiter Vorerbe entsprechend der gesetzlichen Regeln. Er soll den Wert der Immobilien für die Nacherben aufrechterhalten. Mieteinnahmen aus den Immobilien hat er als Rücklagen auf ein Bankkonto einzuzahlen. Notwendige Erhaltungsmaßnahmen bezahlt er von diesen Geldern. Andere Maßnahmen kann er mit einstimmigem Einverständnis der Nacherben veranlassen, sofern die Rücklagen dafür ausreichen.

Bezüglich des übrigen Nachlasses wird der überlebende Ehegatte von allen gesetzlichen Beschränkungen befreit, soweit dies möglich und zulässig ist.

Nacherben und Schlusserben werden unsere gemeinsamen Zwillingskinder David und Daniel, beide geboren am …, beide derzeit wohnhaft in …, zu je gleichen Teilen. Ersatzerben werden ihre Abkömmlinge. Schlägt einer die Erbschaft aus oder gibt es zum Nacherbfall weder den Nacherben noch einen Ersatzerben, erhält der andere Nacherbe die ganze Nacherbschaft.

Der Nacherbfall für die Immobilien tritt ein, wenn unsere Kinder ihren 25. Geburtstag haben.

Der Nacherbfall für den übrigen Nachlass tritt mit dem Tod des überlebenden Ehegatten ein.

München, den 18. Januar 2012 München, den 18. Januar 2012

Marlene Reich Martin Reich

**Wichtig:** Diese Vorschläge sollen Ihnen nur als Anregung dienen. Sie sind nicht dazu gedacht, von Ihnen inhaltsgleich übernommen zu werden. Jeder Sachverhalt ist in gewisser Hinsicht einzigartig. Ein Einheitstestament kann also den speziellen Fall kaum treffen.

# Hilfreiche Adressen

*DeutscheAnwaltAuskunft*
Tel.: 0 18 05/18 18 05 (bundesweit für 0,14 EUR pro Minute)
Internet: www.anwaltauskunft.de
Vermittelt bundesweit der Anwalt-Auskunft angeschlossene Rechtsanwälte.

*Anwalt-Suchservice*
Gustav-Heinemann-Ufer 58
50968 Köln
Tel.: 02 21/9 37 38 03
Fax: 02 21/93 73 89 61
E-Mail: kontakt@anwalt-suchservice.de
Internet: www.anwalt-suchservice.de
Vermittelt bundesweit dem Suchservice angeschlossene Rechtsanwälte.

*Deutscher Anwaltverein*
Littenstraße 11
10179 Berlin
Tel.: 0 30/7 26 15 20
Fax: 0 30/7 26 15 21 90
E-Mail: dav@anwaltverein.de
Internet: www.anwaltverein.de
Hier erfahren Sie auch die Adresse des örtlichen Anwaltvereins in Ihrer Nähe.

*Deutsche Vereinigung für Erbrecht und Vermögensnachfolge e. V. (DVEV e. V.)*
Hauptstraße 18
74918 Angelbachtal/Heidelberg
Tel.: 0 72 65/91 34 14
Fax: 0 72 65/91 34 34
E-Mail: dvev@erbrecht.de
Internet: www.dvev.de
Vermittelt bundesweit spezialisierte Rechtsanwälte, die Mitglied im DVEV e. V. sind.

# Literaturhinweise

*Bartsch, Herbert/Bartsch, Malte B.:* Das aktuelle Erbrecht, Walhalla Fachverlag

*Burhoff, Detlef:* Die nichteheliche Lebensgemeinschaft von A–Z, Verlag für die Rechts- und Anwaltspraxis

*Firsching, Prof. Dr. Karl/Graf, Hans Lothar:* Nachlaßrecht, Verlag C. H. Beck

*Kerscher, Karl-Ludwig/Tanck, Manuel/Krug, Walter:* Das erbrechtliche Mandat, Deutscher Anwaltverlag

*Koch, Irmelind R.:* Schenken und Erben ohne Finanzamt, Walhalla Fachverlag

*Krug, Walter/Zwißler, Finn:* Familienrecht und Erbrecht, zerb Verlag

*Palandt*, Bürgerliches Gesetzbuch, Verlag C. H. Beck

*Tanck, Manuel/Kerscher, Karl-Ludwig/Krug, Walter:* Testamente in der anwaltlichen und notariellen Praxis, Deutscher Anwaltverlag

*Zwißler, Finn:* Paare ohne Trauschein, Walhalla Fachverlag

# Stichwortverzeichnis